活过，爱过，写过

李银河自传

李银河 著

北京出版集团公司
北京十月文艺出版社

新经典文化股份有限公司
www.readinglife.com
出　品

1 1980 年代，在匹兹堡郊区农场

2 1980 年代，我与小波在美国友人寓所前

1980 年代，我与小波在匹兹堡郊区农场

目录

Contents

我和小波

留学生活

他们的世界

性学在中国

遇见“大侠”

从博客到小说

自序

五十多岁的时候，就有人开始劝我写自传，我一直推托，说，等退休吧。可是退休两年了，还是迟迟没有动笔。记得那位从我五十岁就劝我写的资深老编辑苦口婆心地说：人在五十岁和六十岁时心劲儿是不一样的，因为身体状况不一样，精神状态也会不一样，所以一定要早写。好像被他不幸言中了，五十岁时没写，六十岁时果然更不想写了。原因倒不是身体状况差了，我除了血糖偶尔高些，身体自我感觉跟五十岁时没有什么不同，心中一再推托的原因在于：我认为自己的生活不值得写。从年龄组看，我们这一代人在二十世纪五十年代出生，正好躲过了战乱，一生平平静静波澜不惊，有什么可写的？从个人的生命历程看，我既没参加过革命，也没参加过斗争，六十年间所有的历史事件都与我无关，最多只是一个看客，有什么可写的？

直到看了 1981 年诺贝尔文学奖得主埃利亚斯·卡内蒂的《获救之舌》，我才改变了想法。他也是个普通人，不是什么历史人物，也没参与过什么历史事件，写的只是他一生的琐事。原来普通人的生活也是可以写的啊。我这才决定用我多到无处打发的时间把我的生活写下来，从社会学的角度，充其量也就是一个普通人的个案而已，一点儿也没有代表性，没有推论价值，既不能说明我们的时代，也不能代表别的人，只不过是一个微不足道的个人对于她经历的生活不厌其烦的记录而已。这种记录只对个人才有意义，也只有个人才有兴趣把它写出来，如果让别人来写必定兴味索然，所以也只有由我来写了。如果有人会通过我的记录对我所处的时代、社会和生活感兴趣，或者是从社会学角度，或者是从历史学角度，或者是从人类学角度，甚至从考古学角度，那是他们的事儿，跟我无关。我唯一的愿望是把我的自传写得像卡内蒂那样兴味盎然，妙趣横生。

李银河

2019 年 5 月

红色童年

名字·学前班

1952年2月4日，我在北京出生。那一天是立春，除了闰年，几乎我的生日总是立春这个节气，我是个精确意义上的“春姑娘”。节气跟农时有关，按说它应当走农历，可它竟然不是按旧历走的，却总是跟阳历一致。我哥哥的生日是4月20日，而几乎每年的那一天都是谷雨。

我的第一个居所在东华门附近的一个四合院里，是人民日报社宿舍，因为父母是《人民日报》的创社元老。妈妈后来一直到去世都是《人民日报》的编辑，父亲的主要年华也在这里，直到1965年才调离，那时，他在人民日报社已经待了二十年了。

东华门紧邻王府井，是北京最繁华的地段，人民日报社直到二十世纪六十年代后期一直坐落在王府井大街上。我的童年就在这熙来攘往的商业区度过。每次去父母单位看电影、洗澡，都要从北到南穿过整条王府井大街。尽管如此，我们住的那个小院倒是个闹中取静的所在，因为它处在与王府井大街（南北向）垂直的东华门大街（东西向）的西端，已经远离了街市的喧嚣。

跟卡内蒂那样的神童不同，我记事相当晚，六岁以前的事情处于一片模糊的混沌之中。印象最深的只有胡同口那个摆摊卖纽扣的老头。每当阿姨拉着我走过，我总是赖在老头的摊位前挪不动脚步，扣子的形状和颜色让我眼花缭乱，目不暇接，以致隐隐记得受到老头的申斥：你们老站这儿，我怎么做生意？然后才恋恋不舍，一步三回头地走开。

我在七岁之前一直叫李三反。这个名字有两个特别之处，一个是我姓的是母姓而不是父姓，这是比较少见的一种情况，原因在于父母持男女地位平等的观念。我们兄弟姐妹四人，大姐和二姐姓父姓，哥哥和我姓母姓。说起给孩子起名字，人民日报社这种知识分子扎堆儿的地方，越轨事件是比较频发的，父母的一位同事是傅作义的女儿，她跟一位周姓同事结了婚，生有三个女儿，老大姓母姓傅，老二姓父姓周，老三索性没有姓了，据说就叫晨风，我不是那么肯定，只知道她的小名叫小乖。我们两家住对门，小乖常来我家玩耍，是个非常可爱的小姑娘。另一个特别处，“三反”典出1952年在全国开展的“三反”运动（反贪污，反浪费，反官僚主义），父母政治上过于敏感，才会给我起了这么个名字。记得我们小学同年级的同学里有好几个叫三反的，什么蒋三反啊，陈三反啊，可是我上小学后就改了名字，三反只是小名了。我小时候学会的第一首儿歌就是：反贪污，反浪费，官僚主义我反对。我哥哥小名叫“老虎”，有些大人见到我们一家出游总要拿我和哥哥的小名打趣：三反打老虎，三反打老虎。我一开始不明白：我没有打过哥哥呀。后来才知道，“三反”运动抓出来的贪污犯都被称为“老虎”，所以这些大人会把我们俩的小名连在一起，叫个不停，乐不可支。

再有一个印象就是妈妈要把我送学前班，因为没上过幼儿园，我闹着不去这个学前班，妈妈想捉住我把我扭送学前班，我就拼命逃跑，绕着院子里的一个圆形的花坛，我在前面跑，妈妈在后面追，不知追了多半天才捉住了我。反正最终胳膊拗不过大腿，我还是被强行扭送了。

那个学前班是我最早的社会生活，值得写几笔。

人民日报社办的学前班在一个旧庙里，叫娘娘庙。当友人冯唐告诉我他新租的工作室在一个叫娘娘庙的地方时，尘封的记忆突然浮现——我在那里生活了整整一年的时间啊，而且是我生命中第一次离家，离开父母家人。

看张元导演、王朔编剧的《看上去很美》的时候，那个幼儿园的场景马上让我想起了我上过的娘娘庙幼儿园，连厕所的样子都好像的：不是一个个的马桶，甚至不是单个的蹲坑，而是一条贯穿全屋的水沟，上厕所的时候脚要踩在两边的砖地上，粪便会被一个水龙头统一冲走。那时我们是那么幼小，所以上这样的厕所成了一个惊心动魄的冒险。而且老师不允许起夜，害怕夜间憋尿就成了我生活中的第一个恐惧。同学们也全都人同此心、心同此理，所以临睡觉前，谁都不愿意从厕所出来，总想待的时间长一点儿，好像这样就能减少夜里的便意似的。小波的小说中也写过幼儿园上厕所的场景，他写了老师忙不过来的时候，“我”帮

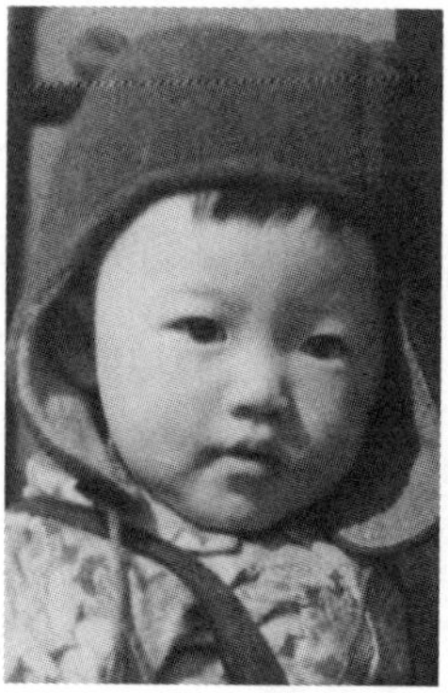

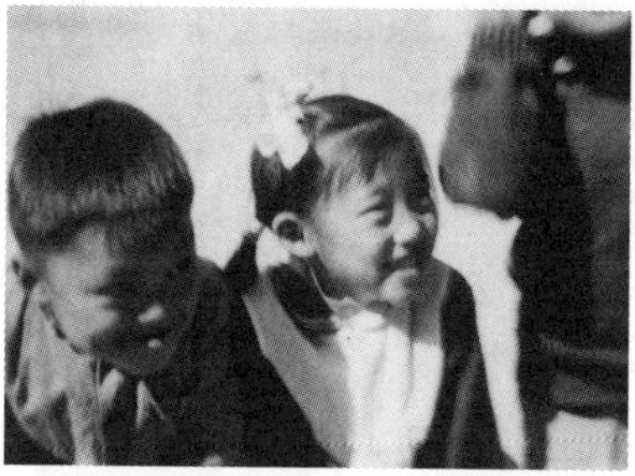

1	2
3

1　1952年2月4日立春，我出生，是个精确意义上的“春姑娘”

2、3　我七岁之前一直叫李三反，直到现在还是我的小名

助小女孩擦屁股的事迹，记得原话大意是：谁能想到，这些后来的美女早就被我光顾过屁股呢。

可是要说惊险，后来看，这个厕所还真算不上。我后来在父亲的山西农村老家插队，当地家家户户的厕所都是在院子里挖一个一丈深的大坑，直径也有一米多，上面架两条木板或者石条，那才真叫惊险，小孩掉进去淹死的极端事件屡见不鲜。

2018 年，我看到一个印度电影——《厕所英雄》，故事源自印度古老习俗的变迁。在一个印度的乡村，一直没有在家里盖厕所的习俗，人们只能去野外解决，一个城镇来的媳妇发起了厕所革命，她的丈夫成为这场革命中的英雄。跟印度相比，咱们中国在厕所文化上还是挺先进的。但是自从日本人发明了自动冲洗的厕具，中国又显得相对落后了。随着赴日旅游团大量购买马桶盖，国内的厂家纷纷跟进，现在我家用的就已经是国产的马桶盖了。

幼儿园的厕所是不分男女的，所以记忆中有男孩性器官的印象。小小的，软软的，很可爱的样子。后来学社会学，搞性学研究，西方学者总要在女孩第一次发现自己与男孩长得不一样这件事的后果上大做文章。其中最脍炙人口的是弗洛伊德的“阴茎嫉妒理论”，据他说，当一个女孩发现自己没有阴茎的时候，就感到自己是低人一等的人，从而嫉妒男孩和男人。他说女孩永远不能克服她的阴茎嫉妒，因为她永远不会有阴茎。阴茎嫉妒将使她终生感到低人一等，于是心理上变得不成熟，表现在嫉妒心理、被动性、含有受虐意味的母性欲望、自恋倾向和依赖男性的意识，以及道德上的不成熟。她在解剖学上的低下导致了她在道德伦理方面的低下。女孩认为自己是被阉割的人，并接受了阴蒂低于阴茎的看法，在她的一生中都受到阴茎嫉妒的煎熬。这个道理听上去像是真事。可惜，女性主义学者也不是吃素的，她们猛烈批判了弗洛伊德的阴茎嫉妒理论，认为他有男权主义的偏见。她们说：他的理论不仅是男性中心的，而且是阴茎中心的；他的理论有过度概括的倾向，以为人的生理能够完全决定人的心理和行为；他的“解剖即命运”这一立论忽略了社会文化的影响，似乎女性被解剖学决定要经历缺失和下等的感觉，等等。细细搜寻我童年的记忆，真是大失所望：其中哪里有阴茎嫉妒的一点儿点影子？“哎？有点儿不一样啊”，这就是我当时的全部感觉，就像那张天真无邪的招贴画：一个男孩和一个女孩各自撑起自己的小裤头，查看有啥不同，上身全都向后仰着，一副天真无邪的表情，除了有点儿好奇之外，什么也没有。

我还留着一张学前班同学的合照，有三十多个人，都是人民日报社员工的孩子。我不知道为什么被任命为班长，也许是因为学习成绩好？可是我根本不记得在学前班学过什么课程。要命的是，当班长在老师进教室的时候要喊“起立”，这个差事差点儿要了我的命，我性格中不知为什么有种极度的羞涩，可能是遗传，因为我姐姐就是个害羞得不得了的人，由此推论，我的羞涩一定是有家庭遗传的。我记得每当要喊“起立”的时候，我就心跳剧烈，脸红脖子粗，憋半天才能喊得出来。这种遗传使我把别人轻而易举可做的一些事情视为畏途，终生不敢沾边。记得小学时我被选中参加一个表演唱《八大员》，那是个连说带唱的节目，表演邮递员、炊事员什么的，我浑身哆嗦硬着头皮去表演，都不知道是怎么熬过来的。在国务院研究室的时候，开联欢会唱歌也是这样，几乎哆嗦得唱不成句。最纳闷的是，我后来居然当了老师，上台讲课（我讲课从来不能脱稿，后来执意从北京大学调到中国社会科学院，不想讲课是原因之一），还不时受邀去讲演。我永远不善讲演，所以对讲演还是能逃就逃，能躲就躲，实在躲不过去的才硬着头皮上。我宁愿把讲演改为对谈，我喜欢一问一答的表达方式，因为在我驾轻就熟的话题和领域，我有一定的权威，比别人知道得多，思考得多，就比较自信，不会过于羞涩了。

娘娘庙里有设在大殿里的教室，有九曲回廊。我们上完课就在院子里玩游戏，还坐在回廊的长条木板座上听一个叫新华的小男孩说书。这孩子天赋异禀，小小年纪就会讲《三国》《水浒》《西游记》，那时候我们才六岁呀，他怎么能记住那么多的故事，还能那么绘声绘色地讲给大家听呢？他简直就是我完完全全的对立面：他知道那么多故事，我什么故事都不知道；他讲起故事来神态自若，眉飞色舞，我一说话就满脸通红，羞得无地自容。那时候，我对他简直佩服得五体投地，至今还记得他讲故事时的神态和一个习惯动作：因为讲话讲得满嘴白沫，他会每隔一段时间就用手背去抹嘴角。从那时到如今，半个多世纪过去了，我还能记得一清二楚，证明当时他给我留下了多么深的印象，造成了多么大的震惊。

卡内蒂在这个岁数已经知道了许多希腊神话故事，对诸神都有自己的好恶评价，而我当时知道的只不过就是一些童话故事。

比如小红帽的故事，记得一个细节，狼外婆夜里吃老奶奶的手指头，嘎嘣嘎嘣响，小红帽问狼外婆：奶奶、奶奶你在吃什么呢？狼外婆说：我在吃胡萝卜呢。还有白雪公主的故事，三只熊和七个小矮人。再有就是连说带唱的“小羊儿乖乖把门儿开开……不开不开就不开”。我后来想，这是父母怕单独在家的孩子给陌生人开门遇到危险，专门编出来告诫孩子的，几乎算不上什么童话故事，不过是安全教育而已。

记忆最深刻的还是要数三条小鱼的故事，因为那几乎是妈妈给我讲过的唯一一个故事，她工作很忙，而且中国的妈妈没有给孩子讲睡前故事的习惯。情节很简单，只有不到十个句子：三条小鱼啊，找妈妈去了……它们找到妈妈的时候，妈妈已经变成一条白骨啦。我每听到这儿的时候都会流泪。妈妈可能是因为这个效果而很有成就感，或者是比较讶异，所以总是一试再试，屡试不爽——只要讲到这里，我一定会哭。记得妈妈最后一次给我讲这个故事的时候我已经很大了，十几岁了，可我还是忍不住眼泪。讲故事的和听故事的都觉得有点儿尴尬了，妈妈后来就再也没有给我讲这个故事了。我现在想，这个故事可能根本就是妈妈自己编的，里面最让人揪心的一个是“找妈妈”，一个是“妈妈死了”，这是所有的孩子都有的心结，对于敏感如我这样的孩子，它总是能让我泪流不止。

家里有个口口相传的典故册，记录了孩子们说过的最可乐的话，常常被父母拿出来说，供全家开怀一笑。这里试举几则：一则是我大姐小林的。她五六岁那年，有一次妈妈病倒了，下不了床。

小林对妈妈说：如果你死了，一定要把钱包留给我。她可能看到妈妈总是从钱包里掏出钱来买吃的，怕自己断了粮草。另一则是哥哥“老虎”的。他小时候说话有点儿大舌头，那天，他看见来了一辆公共汽车，说：快看快看，东东汽车（公共汽车）上坐了一车小嘛嘛嘴儿（那是因为妈妈老管他叫小嘛嘛嘴儿，他以为是人都叫小嘛嘛嘴儿）。我最最脍炙人口的故事是这样的：有一天，我对着镜子哭，妈妈要给我擦眼泪，我对妈妈说：别擦了，我还要接着哭呢。

小学·东方红

七足岁那年，我才上小学。学校坐落在虎坊桥附近，叫北京第一实验小学。父母让我上这个学校是因为离家近——那时我家已经从东华门搬到了天桥，从平房搬进了楼房。在 1950 年代，人们心中一般都认为楼房比平房好，因为楼房里有暖气，平房没有；楼房里有卫生间，平房没有。那是一座三层的小楼，层高比后来盖的楼房高很多，据说是出自苏联专家的设计或者是学的苏联。我家在二层，是个四室一厅的单元房，但是那时住房紧张，其中走廊尽头最靠大门的一间分给了报社的一位年轻职工住，因此他就成了我家近得不能再近的近邻。

我家另一位近邻是“空军英雄”赵宝彤，他是放牛娃出身的抗美援朝志愿军，打下过八架美国飞机。人民日报社的金凤阿姨年轻漂亮，是采访大英雄的小记者，两人一见钟情，喜结良缘。后来，像赵叔叔这样资历的人都成了大领导，可是赵叔叔却沉溺于幸福的婚姻生活之中，仕途蹉跎。“文革”中，隐隐听到一种说法，说他本来前程大好，可惜被资产阶级娇小姐给腐蚀了，因为金凤阿姨出身资产阶级家庭，戴着一副金丝眼镜，小资产阶级情调浓厚。人们不禁扼腕叹息：可惜了这个朴实的放牛娃出身的大英雄。印象中，赵叔叔相貌英俊、和蔼可亲，见到我们这些小孩子总是笑眯眯的。我们的宿舍离陶然亭公园不远，那时候赵叔叔总是去陶然亭钓鱼，每次去都是满载而归，而多数人钓上半天连一条鱼都钓不到。看来有的人就是心灵手巧，别人望尘莫及，这跟他能打下那么多飞机别人却做不到是同一个道理，不服不行。后来金凤阿姨被冤枉入狱，赵叔叔对她一往情深，成就了一段荡气回肠的爱情悲喜剧。

我一开始去上学是坐一个带小房子的三轮车，就像现在大街上私自拉客的三轮车一样，只不过不是电动的，是人蹬的。小小的长方形车厢有两排座位，每排都挤了三四个孩子，那么小的空间就塞下了七八个孩子，那时候我们是多么小啊。长大些后，记得大约是从三年级开始，妈妈就给我买了学生月票，让我独自坐公车上学去了。我家到学校只有四站路，先坐两站15路，再坐两站14路，就到了校门口。那个年代社会秩序井然，从没有人会想到孩子必须要大人接送否则会被人拐卖什么的，更不会出现绑票索钱的事故，因为新中国是当时世界上贫富分化最低的国家，基尼系数在0.2左右，富人富不到哪里去，穷人也穷不到哪里去，怎么会有人想到去绑票呢？绑到也要不到钱，因为大家都没钱。有一次我把月票搞丢了，妈妈很生气，可是不久就接到信儿，有个人捡到了我的月票，让我去他家取。妈妈带着我，带上谢礼去了一个挺远的地方，还真就给找回来了，那个年代真的是夜不闭户、路不拾遗啊。

我的小学有个特点：它是民国时期留下来的老建筑，有尖尖的屋脊，有木制的楼梯和地板，踩上去会吱吱作响，还有古色古香的回廊。因此好几个表现民国时期学校生活的影视作品都到我的小学去取外景，其中包括著名的《城南旧事》。印象中，那部小说的生活场景也是在城南虎坊桥一带，所以我的小学是电影外景的上上之选。记得看到片中孩子们玩耍的一个带伞形顶子的转椅，勾起了儿时的记忆，我们也曾天天在那儿玩耍啊。

我们班有四十多个同学，从小学一年级到六年级，除了个别插班生，大家一起待了六年。我看到过一个描写儿时友谊的电影的评论，其中有句话给我留下了深刻的印象，它说：人一生真正的朋友都是十二岁以前交到的。可能只有在天真无邪的年龄人们才能有仅仅出于好感的朋友，年长之后都会有其他因素掺入之意吧。我虽然没有从小学同学中交到什么终身的朋友，但是大家的关系是非常纯洁非常融洽的，五十多岁那年全班还聚会了一次，来了三十多人。虽然早已物是人非，但是大家仍能有那种亲密无间的感觉。可惜，由于闹出了一位神经有点儿问题的同学向另一位同学借钱的尴尬事，大家就没有再聚会过了。

我从来都是好学生、乖孩子，学习对我来说从来不是一件困难的事情。可能这点有遗传因素——我爸爸小时候上学也从来都是第一名。他四岁死了父亲，是伯伯养活他的。他们家是贫农，伯伯为了供他上学竟然不让自己的亲生儿子上学。一个是因为爸

1 1959年，我上小学

2 1962年，我和父母

爸的确念书念得好，是个念书的“材料”，另一个原因是伯伯这人心太好了，一个农村的贫苦农民能有这样的境界真是难能可贵。所以爸爸一进城就把伯伯从老家接了来，一直供养他到去世。“长兄如父”这句古话在我伯伯那里完全是真事。爸爸对他尊崇备至，他是当之无愧的。

说是遗传好还有证据，那就是我的哥哥姐姐以及他们的小孩也都个个是出类拔萃之辈。大姐二姐全上哈尔滨军工，二姐的分数可以上清华，可她却选择了哈尔滨军事工程学院，因为当时青年都想献身国防工业；二姐参加中学生数学竞赛曾代表获奖者讲话，登了报纸；哥哥中学得金质奖章，那可必须是全五分的，有一个四分都不成；哥哥的女儿十四岁上清华，十八岁考取美国杜克大学，小小年纪已经在霍普金斯大学当老师了；姐姐的儿子也是实验中学的优秀生，学校要保送他上清华，他嫌专业不好，自己去考上清华计算机系。

我这辈子由于赶上“文革”，没有正规考过什么试，所以完全不知道自己的程度究竟如何。感觉上似乎我智力的极限从来没有受到过真正的挑战，从没觉得什么东西难得学不会。由于我们小学是师范大学的附属小学，所以有时会有实验性质的来自北师大的测验。有一次，全班参加一个算术测验，跟平时上课测验不一样的是这个卷子设计的题量特别大，是根本做不完的，只是要求我们能做多少做多少。我交卷时感觉不太好，因为没有做完，这在我的考试史上还是第一次。过了些日子，我已经忘记了这次考试，可是后来突然间，当着全班同学的面，我得到了来自师范大学的一根铅笔的奖励，说我是那次测验的第一名，也是唯一的获奖者。我的虚荣心得到了一次意外的满足。

我很少被人当作高干子弟，自己也不觉得自己是什么高干子弟。所以有一次我看到一篇针砭中国“太子党”的文章，把我称为“太子党”，心中着实纳闷。如果我也算“太子党”的话，中国的“太子”“太妹”就要从以千计改为以万计了。在我心中，能不能算作“太子党”的标准是能不能仅靠祖荫存活于世，如果不能，还是要靠自己的劳作，就不能算。父母给我们兄弟姐妹四人留下的遗产总共只有三四万块钱，给我留下的房产只有四十平方米，靠这点财产根本无法存活于世，所以我觉得自己实在算不上什么“太子党”。

有一次，父亲的老同事李庄伯伯说过这么句话：咱们这种人到外地还算个人物，在北京就是用箩筐装的。我觉得他说的是句老实话。最可笑的是，比我们还小的一帮孩子凑在一起爱比谁的爸爸官儿大。到了“文革”的时候，大官小官都戴高帽游街，孩子们的攀比之心仍旧不减。有一天哥哥一个朋友到我家串门，他对我妈妈吹牛说：我爸爸的高帽上面还有穗儿呢，那谁谁他爸的就没有。为此，我们大家笑了很久，可以入选我家的典故册了。

我们班有几位高干子弟，虽然我父亲这样的行政十级在外地恐怕也要算高干了（过去有个约定俗成的说法，行政十三级以上就算高干），但是比起我们班上的那几位就完全算不上高。比如，我们班同学里有谭震林的儿子谭晓光；有彭真的儿子傅亮；有平杰三的女儿平燕妮；有张霖之的儿子张景渝；有贾廷三的儿子贾小洪……小时候大家没有什么官阶大小的观念，都是好同学和小朋友。记得有一次谭小光他们一帮同学放学要上我家去玩儿，我就高高兴兴地带他们去了。困难时期，同学中传出平燕妮用富强粉馒头喂小兔的事情，大家都很气愤，她因此很长时间入不了少先队。她现在见到我还说:要不是你当初帮助我,我入不了少先队。我当时是少先队的中队长或者大队长，总之，一直是乖乖女、好学生来着。

我的小学和中学同学中都有一些真正的“太子党”，国家领导人那个级别的，他们有的时候会吹嘘自己住在某个只有高干才能住，一般人住不进去的院子里，或者自己到某个隐匿在小胡同里的外表不显眼但是一般人进不去的俱乐部去玩儿。我不得不承认，小时候心里有点儿醋醋的，有点儿羡慕，有点儿嫉妒，但是也只是一闪而过，觉得这也不是什么了不起的事情。别人都进不去就很值得羡慕吗？一个人的坟墓别人还进不去呢，也值得羡慕吗？可要说自己一点儿都不在意这些事情，也有点儿拔高自己了。比如，家里安了电话，父母在暑假带我们兄妹去北戴河，我心里还是暗暗有点儿得意的，这在当时算一点儿小小的特权。

到“文革”时,那几位“太子党”家里全都出了事,有被批斗的、被监禁的，有自杀的，最惨的一个同学，父亲被造反派活活打死了。我父亲虽然也被斗争了，但是没有那么惨烈，我心里原来有过的那点儿羡慕和嫉妒全都变成了同情。我记得那个父亲被打死的男孩叫张景渝，他父亲是煤炭部长张霖之，是“文革”初期第一位被打死的高干，听说周总理为此发了很大的火。张景渝是一个沉默寡言的孩子，高高的，瘦瘦的，眼神清澈，心地单纯。他还是那么幼小稚嫩，怎么承受父亲被人活活打死的惨痛呢？

也许正因为父母这种比上不足、比下有余的地位，我从小就下决心去寻觅自己独特的人生，谁也不靠，就靠自己，就凭着自己的兴趣。我想经历美好的爱情，想做自己喜欢的事情——最好自己的谋生手段恰恰同时又是自己最喜欢做的事情。对于成功我都很少想。究竟什么叫成功呢？父母算是成功人士吗？所有的成功人士不是还都有比他们更成功的人吗？那么他们算不算成功呢？成功真的有那么重要吗？

那时候所有的父母都是低工资，也从不会给孩子零花钱，所以过年过节，老师鼓励我们手绘贺卡送给同学，我至今保留着当年同学送给我的手绘贺卡。傅亮送我的是一张薄如蝉翼的对折起来的纸，纸的一半粗枝大叶地画着一个穿冰鞋、戴头盔、手持冰球棍的男孩，另一半折过来，上面在男孩的头部开了一个圆洞，这是那时贺卡的标准做法；平燕妮送我的是她用彩色蜡笔画的一个娃娃的上半身，沿着娃娃脸也开了一个圆洞，不过她用的是一种很厚的卡片纸，所以显得比傅亮的更像模像样。谁要是收到王明明手绘的贺卡，那可就非同小可了。他现在是著名画家，中国画院的院长，每张画价值几十万了。前些时，我听平燕妮说，她从同学那儿淘到了王明明送的贺卡，可惜只是寥寥几笔的一只大萝卜，加之他那时候才七八岁，虽然是他的亲笔真迹，恐怕也不值什么钱。

小学老师中印象比较深的是自然老师，那是一位中年妇女，留齐耳短发，长得很敦厚的样子。她讲课时喜欢在课本之外聊些家常，比如我至今还记得她讲自己当初上寄宿学校的时候，有时会在临街的宿舍楼窗户上探出身子，把钱用一个系着长绳子的吊篮吊下去，小贩会收起钱把好吃的放在篮子里再吊上去。一定是她在讲到杠杆原理那类知识时顺便讲到的。因为很生动，所以记住了。她有一次不知怎的告诉大家“不要忍尿”，有尿必须尿，如果忍尿就会得病。同学们为此笑了这个老师好长时间，因为她居然在课堂上讲到了如此不登大雅之堂的事情。

我们的小学是非常好的小学，所以老师个个都是身怀绝技的。记得有一位数学老师，是个岁数挺大、其貌不扬的老头子，他的绝活儿是在黑板上画圆，讲数学常常需要画圆，他用粉笔在黑板上随手一画，就是一个标准的圆形，绝对不会在哪里凹进去或者凸出来。他的板书也都是圆乎乎的，非常顺眼，像美术字。

五六年级时，大家都接近了青春期，有的女同学已经开始月经初潮，一上体育课，总有两三个女生因为特殊情况不能参加。她们究竟出什么问题了，我当时半懂不懂，若明若暗，只是觉得她们有点儿神神秘秘的样子。在三四年级，亲密无间的男女同学开始“分男女界限”，就是互相都不说话了，还有就是班里给许多同学“配了对儿”，谁谁跟谁谁是一对儿，谁谁跟谁谁又是一对儿。有个漂亮女生被传为“花心儿”，有五个男生是她的“花瓣儿”，全都指名道姓，还有同学课间在黑板上画了示意图，那个女生的名字和五个男生的名字分别写在花心儿和花瓣儿上。我因为一直有点儿正儿八经，又极度羞涩，所以很少有此类传闻。

传闻中最不堪的是，有个男同学爱盯着女生的屁股傻看，记得当时似懂非懂，不知道为什么会有这样的事。我应当属于情欲比较晚熟的类型。

1964 年，我们五年级，学校歌咏队要调一批人参加大型音乐舞蹈史诗《东方红》的演出，我被挑上了。那个演出的地点是人民大会堂。大会堂第一条横向过道前的十几排座位都是我们这些伴唱的小学生，唱的是《我们是共产主义接班人》，二声部，我唱的是第一声部。当时觉得第二声部是比较难唱的，因为完全不成个调调儿，只是为了配和声。但是，当两个声部合在一起时，当和声出来时，歌声突然变得无比动听，这奇妙的变化使我终生对音乐产生一种神秘的崇拜，只觉得它是天上才有，世间所无的一种奇妙事物。

那段时间，只要一有演出，我们就来到人民大会堂，换装化妆，然后坐在台下把《东方红》从头到尾看一遍，因为我们的歌在接近结尾处。所以，在看了不知多少遍之后，对于所有的章节都耳熟能详了，甚至到了倒背如流的程度。记得王昆唱的《工会歌》，记得《砍头不要紧只要主义真》《黄洋界上炮声隆》《敌军围困万千重，我自岿然不动》《十送红军》《过雪山草地》《红军到陕北》《游击队之歌》《大刀向鬼子们的头上砍去》《百万雄师过大江》《解放区的天是晴朗的天》《全世界无产者联合起来》。有一次，毛主席率众领导来看《东方红》，坐在走道后面那排的正中，那是我第一次近距离见到他，我们全都站起来拼命回头看，离他大约也就十几米远。

后来有一天，说是毛主席接见全体演员并合影。我们被带到一个大厅，估计是宴会厅，已经摆了一圈阶梯式的合影台，据说演员共三千多人，我们坐地下第一排，第二排站地下，从第三排往后站在阶梯台子上。等了一阵，领导们来了。记得周总理说：告诉大家一个好消息，我们的原子弹爆炸成功了。全场欢声雷动，大人们全都激动极了，可是我当时一点儿也不知道原子弹是什么，它的爆炸成功对于中国的意义是什么，只感觉到是件天大的好事，也被周围大人的狂热情绪所感染，跟着鼓掌欢呼。那次合影后来每人发了一份，不是相纸，而是印在画报纸上，卷成一个直径一寸的纸卷，打开有一米长。我在其中找到了自己——别人都是正面相，我是侧面相，我正歪头往毛主席那边看呢。

事有凑巧，1965 年小升初的语文考试作文题目是“做毛主席的好孩子”，我写的就是接受接见的事，结果这篇作文被登在了《中国少年报》上，成为那一年的范文。这是我的文字第一次变为铅字，那年我十三岁。还记得《少年报》那篇文章的结尾处画了一个小男孩，可能是我的名字让人雌雄莫辨吧。结果有好多小朋友给我写信来，有个小男孩写信来说：我想要一个乒乓球拍子，你能送我一个吗？信我当然都没回，只是自己乐了半天。后来，为了这篇作文我还受到教育当局的召见。其中一个老师问起我父母的工作，我回答说“他们是《人民日报》的”，老师应声说道：怪不得呢。当时这话让我很吃惊，很费思量，不明白我的作文和父母的工作有什么关系，因为他们从来没有关注或辅导过我写作文。长大了我才明白了二者之间的逻辑关系——原来父母的工作与写作有关呀。

值得一提的是，我们生长的年代，出身的重要性渐渐显现。我们合唱团的孩子们大多数都被选入大型音乐史诗《东方红》的伴唱团，但是合唱团一个唱歌很好也长得很漂亮的女生却没有被选中去参加演出，大家议论纷纷，据说是因为她“家庭出身不好”。从那时起，我们有了“家庭出身”的概念，这对于我们这些十来岁的孩子来说是一个带着神秘色彩的概念。我们从那时开始接触社会的残酷和不公正。它在我们幼小的心灵中留下了第一道阴影。

在1965年前后，社会上的政治气氛渐渐开始变得狂热起来，大约是从学雷锋开始的。一开始只有雷锋一个时尚榜样，后来就多起来，什么王杰、欧阳海、麦贤德之类，大家全都从中具体感受到什么叫作“英雄辈出”，几乎每年都有新的英雄偶像被推出，有的是学习毛著的积极分子，也有救火救人牺牲的英模人物。记得那时候，小学生都到处跑着学雷锋。有一次，我们全班同学到西单商场学雷锋，呼啦啦去了一帮半大孩子，商场方面也不知拿我们怎么办，结果有的同学被派去厨房打下手，洗菜切菜；有的去站柜台，帮助卖火烧、包子；还有的帮助商场卸货。听说傅亮他们几个男孩去帮人家从卡车上卸猪肉，两个男孩抬着半扇猪，跌跌撞撞，把人家的玻璃柜台都撞碎了，好心办了坏事。可是大家还是十分兴奋，觉得自己在大做好事，为社会奉献力量。我好像是在厨房里帮助洗菜，虽然不如他们那么惊天动地，心里的兴奋程度并不稍减。后来听说美国西点军校也学雷锋，心想，大约也是在提倡这种无私奉献的精神吧。再到后来，听说这是一个误传，心里还当真有点儿失落的感觉。尽管证明消息不实，但是这样的信息之所以能够流传，至少证明学雷锋运动在当时的中国有多么深入人心。

我记得当时对所有的事情都懵懵懂懂、半懂不懂的，可是非常认真，非常虔诚，对于那些革命的道理和号召都真诚响应，看雷锋日记也是极为认真的。当时的一个想法我记得很清楚，那是在看了雷锋把所有的零花钱都节约下来寄给灾区和需要帮助的人之后，我想到：以后恐怕不能再吃冰棍了，可是奶油冰棍是多么好吃啊。北京当时市面上有三种冰棍，奶油冰棍五分钱，小豆冰棍三分钱，红果冰棍三分钱。后来出了一种鸳鸯冰棍，一毛五，是两根奶油冰棍在底部连在一起，因为里面奶油放得多，所以口感特别腻滑，香甜无比，令人垂涎欲滴。我设想了一下，一辈子不能再吃冰棍是个啥感觉，能不能受得了？当时内心真是很矛盾很痛苦的，这应当是我此生遇到的第一个两难窘境。幸亏后来学雷锋的风潮过去了，我又能心安理得地吃冰棍了，有无比释怀的感觉。

有一阵，社会上提倡思想改造，“斗私批修”，“狠批私字一闪念”，我们也是相当虔诚，相当较真的。我一直不爱吃菠菜的根儿，受不了那股甜丝丝的味道。有一次，为了改造思想，就想着红军长征的时候饿极了吃皮带，那要比菠菜根儿难吃多了吧。这么想着，就捏着鼻子把菠菜根儿吃了下去。后来，记得我跟二姐乃云说起这件事，她狐疑地瞪着我说：红军长征？看来她觉得我是在编故事，根本不相信我会因为想到长征才咽下菠菜根儿的，可是那确确实实是我当时思想斗争的真实经历。由此可以看出我们这代人是在什么样的社会氛围中长大的。我们的理想主义是极为真诚的，可惜后来这些理想主义被丑恶的现实碰得粉碎。

中学·“文化大革命”

我考上的中学是北京师大女附中，是个女校。学校现在改名叫实验中学，因为后来北京的女校和男校全部改为男女合校，剩下来的唯一一所女校是华夏女中。小升初时，学校可以保送我去上隔壁的师大一附中，可是我的两个姐姐上的都是师大女附中，所以我也一门心思要上这个学校。记得小学老师对我说：上女校不好，不如男女混校。我问：为什么不如？老师也没说出个所以然来，大致就是有男同学在一起上学更有趣些吧。但是我没有听劝，因为老师对自己的看法似乎也并不是很自信，语焉不详，因而显得没有什么说服力。

我们的中学是北京当时收分最高的学校之一。我们班四十多人就有十几个是（语文算术）双百分录取的。所以能上这个学校的智商都不低，大家也都很自豪。还记得初一发校徽的时候，拿着毛主席题写（估计是因为他的女儿在这个学校所以能求到题字吧）的校徽，心里激动而骄傲，觉得在人生的赛事中，自己已经是跑在前面的人了。

可惜好景不长，才上了一年学，“文革”就开始了。学校乱了，课也停了，大家一起去“串联”，到北京的各大专院校、到全国各地去看大字报。

1966年8月的某一天，上着半截的课忽然停下来，大家收听广播，一个激越的声音正在播送《人民日报》社论：《横扫一切牛鬼蛇神》。大家都很震惊，兴奋，恐惧，还带着一点儿神秘莫测的感觉，不知要发生什么事，但是大家都隐隐感觉到出了大事，国家出了大变故。接下去发生的事情完全超过了我们的理解力，校长成了“走资本主义道路的当权派”，老师成了“牛鬼蛇神”，全都进了劳改队，一帮女孩子成了掌管劳改队的人，挥舞皮带打人。

据说当时北京的中学有一个规律，女校比男校打死的人多，女孩比男孩打人更狠。我们这个女校在那段时间一共死了九个人，有好几位老师自杀，在全北京的中学中算最高的。在狂热的八月，我们的校长卞仲耘被活活打死，成为当时北京第一位罹难的中学校长。她的事情后来被反复提及，作为“文革”中最为惨烈的一个典型事例。为什么会这样呢？女孩不是一般被认为更加柔弱心软吗？现在想来，可能正因为在革命的狂热中，女孩怕被认为软弱，所以更加硬起心肠，下手更凶狠。男孩因为没有这种心理压力，所以男校的暴力程度反而低些。一个典型的事例是我看到一位杨姓女同学的回忆录，她当时是劳改队看守，有一次，她监督校长胡志涛扫地。胡校长当时五十岁上下，也是一位“三八式”

（在 1938 年前后的抗日战争初期参加革命）的老干部，身材娇小，面容姣好。据杨姓女生回忆，当时她看着胡校长弯腰扫地的背影，突然感到她很像自己的母亲，心中一股同情感油然而生。她对自己的想法感到惊恐，马上开始自我批评：为什么这样心软？这样敌我不分？这是对革命的背叛啊。于是又端正心情，鼓起勇气，大声呵斥校长。她的内心斗争部分地解释了女生比男生心狠的反常情形。

当时，由于我父亲 1936 年曾被捕过，虽然据说是按党的指示写了悔过书以保存力量，但是仍被“文革”小报说成是叛徒，我因此不能入红卫兵，算是出身有问题的人了。我还记得忽然有一天，一位当时家里没问题的女同学在黑板上写了一句“自来红们站起来”。我当时心里很痛苦，很矛盾：该不该站起来呢？我还能算“自来红”吗？那时候，我正处于青春期，生活中又从来没有受过什么挫折，抱负远大，春风得意，这突然的落差使我感到特别的迷茫、焦虑，不知所措。现在回头去看，当时我因为父母的问题入不了红卫兵，没有资格去打人斗人，反而使我避开了这种良心矛盾的尴尬境地，不能不说是因祸得福。

我记得那时头脑昏乱，情绪激动。一日，我买了一张纸，在上面写上了毛主席语录，大意是要打倒那些“封资修”的东西，因为家里有好多外国音乐唱片和小说，我要批判它们，跟它们划清界限。那语录是用白粉笔写在一张涂塑的长方形黑纸上的，贴在爸爸的书房里显得丑陋不堪。爸爸当时的表情很不以为然，没过几天就把那语录悄悄摘掉了。

又一日，家里突然来了一帮人民日报社的造反派，要把爸爸揪走去给彭德怀陪斗，因为爸爸曾是“右倾机会主义分子”，跟彭德怀在1959年犯的是一样的事。我记得当时爸爸还没起床，慌忙起来穿衣服，我在隔壁听到那些造反派粗声大嗓地呵斥爸爸，就忍不住冲进去冲他们喊了一句：你们态度好点儿行不行！当时我心跳剧烈，热泪盈眶，十分激动。爸爸没说话，造反派也没说话，大概是对我的激烈态度有些意外吧。后来爸爸就跟他们走了。

我知道，比起很多家里出了大变故、受了大磨难的孩子，我的这点儿遭遇简直不值一提。但是它对于我的生活、我后来的道路并非全无意义。它使我懂得了苦难的意义，懂得了社会不公正的意义，使我不再轻信宣传的一切，使我对有同样遭遇的人有了同情心。一个现成的例子就是王小波，他的父亲在1952年被打成“阶级异己分子”，从一个“三八式”的老干部半路出家去搞哲学研究，当老师。如果我父亲没有被打成“右倾机会主义分子”，没有被批斗，我怎能了解世事的不公，怎能同情小波父亲的遭遇呢？

当时学校的气氛就像法国大革命时期那样狂热和混乱——一开始是平民杀贵族，然后是革命党人中的各个派系互相残杀。每天的生活中充满了惊吓，斗校长、斗老师、斗反动学生，最后是学生中的不同派系互相斗。几十年过后，中学同学聚会，我们班居然还有三十多人能来参加，真是意外惊喜，大家竟然做到了“相逢一笑泯恩仇”。只是班里有个出身资本家的同学坚决拒绝出席，想必是因为当初被伤得太深，至今无法释怀。

看到一位老同学，她的模样竟然没什么大变化。当初开她的斗争会的情形浮现心头。记得当时十四岁的她站在一群群情激昂的同学中间，满脸的窘迫难堪，每个人都疾言厉色，冲着她大声嚷嚷。我竟然还记得自己当时也想高声呵斥她什么话但是总是喊不出来的尴尬感觉，就跟小时候在学前班老师让我喊“起立”怎么也喊不出的感觉一模一样。也许是性格的腼腆使然？也许是因为从小没有被父母呵斥过？也许是因为从来没有听到过父母之间高声大嗓地说话？反正我从来没有学会过跟人对骂对吵，是个不会吵架的人，批判会这种形式我怎么也适应不了。记得我 1977 年到光明日报社工作后，开“文革”时代报社社长的批判会，一开始大家全都坐着，后来有人喊“× × 站起来！”我就觉得特别受惊吓，对这种斗争“仪式”永难适应。

当时，不会跟人吵架的个性给我带来极大的痛苦。记得有一回，班里当时父母还未被揪斗的一帮同学——她们都是军队干部子弟，当时地方干部子弟大都受到冲击，军队没有搞“文革”，所以她们的父母还算安全——找我谈话。大家都是相处了一年时间的同学，即使不能说相亲相爱，至少也是团结友好的。这次谈话给我带来极度痛苦，其实她们也没说什么，就是你一句我一句说我不好，其中有个我平时视为好朋友的女孩（她的父亲是空军高级将领，后来也出了事）竟说了一句骂人话（因为我小时候满脸雀斑，我对此一直很羞愧，而她骂的就是我这个生理缺陷），我当时无比震惊，完全彻底地瞠目结舌。这个大约半小时的谈话会，我除了简单地回答几个问题，自始至终没有反驳，没有对抗。

会议结束后，我浑身颤抖，一直在幻想中反驳她们：她说这句话时我该怎么说，她说那句话时我该怎么说，她骂我时我该回敬她什么话。可惜这一切都仅仅发生在想象之中，在现实中并未发生。性格懦弱的因素或许也有，但是从小不会跟人吵架肯定是原因之一。我当时深切地体验了什么叫痛心疾首，什么叫扼腕叹息。

还有一位同学，是出席同学聚会时满脸沧桑的老同学当中显得最年轻最漂亮的一位，见到她时，我心中浮现出当初开她的批判会的情形。她被批判的原因是因为谈恋爱。当时，我们所有人都像《1984》中描绘的青年反性同盟那般狂热，不但反性，而且反爱。那位女同学才十四五岁就恋爱了，用现代的视角来看，这有什么呢？少女心事，情窦初开，不是再自然再美好不过的事情吗？可当时，狂热的我们竟想到要开她的批斗会。那对小恋人面对打压，相互抱团取暖，据说她男朋友鼓励她说，如果她们批判你，你什么都不说，就说两个字："我爱"！这个讯息不知怎的传到我的耳中，真是振聋发聩啊——爱情原来可以这么理直气壮啊，这是当初身陷反性禁欲氛围的我们从未想到过的。

"文革"对于我们这些十四岁的孩子来说，最主要的意义就是中断了学业。我们不花钱坐火车到全国各地去串联。记得我第一站去的是青岛。在火车的硬卧车厢，每个铺位都至少坐了三四个孩子，有人睡在行李架上，有人睡在硬座车的座位下面，还有人坐在车窗前的小桌上，把腿吊在车窗外面——因为里面实在太挤了，再也放不下那两条腿了。坐了一夜，青岛到了，我的腿都吊肿了。

后来我们辗转到了武汉。虽然我有一个舅舅在武汉，但是我找不到他。身上带的钱花完了，我居然想到可以让家里电汇。不知道家里的号码，我灵机一动，居然想到找张《人民日报》去查，《人民日报》是有电报代号的，就把那个号码一填，后面写上妈妈的名字，事情还居然就办成了。妈妈的钱汇来了，我们又接着上路。后来，我又做过一次这样匪夷所思的事情，那是我从北京到山西沁县父亲老家插队落户，车到太原之后，太原到沁县的汽车因为武斗的原因停运了。我带着年迈的姑姑滞留太原，举目无亲，不知如何是好。有一个远房亲戚家在太原，但是除了知道名字之外对她的情况一无所知。情急之下，我竟然想到去公安局查档，竟然还真查到了她的联系办法，她到公安局把我们接到她家去住了几天，渡过了难关。后来想想，我日后这么“能干”，兵来将挡水来土掩，沉着冷静遇事不慌，什么事也难不住，什么关口都能过去，跟我成长在动乱年代有不小的关系。

那个时候，我们只是到各地的大专院校去看大字报，有时想到名胜古迹去玩，又会约束自己道：我们这是闹革命来了，不是游玩来了。即使实在忍不住，去大海边上玩儿，还要假模假式地带上几张传单，自欺欺人地说：咱们到海边看传单去。由于那时候经常在街头发传单、抢传单，以至在那段时间后的很长一段时间里，树上掉下树叶我都会条件反射似的伸手去抢，以为是传单。

印象最深的是杭州的冰棍，不但种类比北京多——北京那时候只有奶油、小豆和红果三种冰棍——而且样子也怪。还记得有一种小豆冰棍，在冰棍底部有好多没有磨碎的小豆，真是又好吃又好玩。

那几年，全国的青少年都投入了大串联的热潮，所有的火车和住宿都不要钱，只要你有所在学校红卫兵开的一纸介绍信，就可以去到全国的任何地方。记得我那次去了青岛、宁波、杭州、上海、武汉，最南边去了南昌和长沙。所到之处，我们遍游名胜古迹，饱览大好河山，对于正处于青春逆反期的我们来说，不能不说是青春反叛精神的一次痛快淋漓的宣泄。毛主席支持红卫兵起来“造反有理”，是不是也摸透了年轻人这种压抑不住的青春冲动呢？无怪乎当时青少年中最为推崇的就是毛泽东歌颂青春激情的《沁园春·长沙》，记性好些的几乎都会背诵，慷慨激昂，朗朗上口：

独立寒秋，
湘江北去，
橘子洲头。
…… ……
恰同学少年，
风华正茂；
书生意气，
挥斥方遒。
指点江山，
激扬文字，
粪土当年万户侯。

2012年冬，我路过湖南长沙，重游橘子洲头，见到了毛泽东年轻时期的巨型塑像，长发飘逸，意气风发的样子，心中有些感动。毛泽东在这里中流击水的情形已经过去了近一个世纪（上述诗词作于1925年），因为这个人中国发生了天翻地覆的改变，千年未有的改变。而我们所有人的生活、我们的青春，全都印上了这个人的印记，至今也无法完全忽视。

1967年，在全国大串联的热潮中，作为知识青年上山下乡的先声，我跟着哥哥（他大我五岁）和一帮朋友徒步"长征"去白洋淀，心里想的是了解农村和农民，了解中国社会。

我们从北京出发，第一天走了七八十里地，在路过的村子老乡家过夜，第二天开始就只能走三四十里了，因为脚上打了泡，连脚脖子都走肿了。那是我第一次也是最后一次把脚脖子走肿，感觉好像脚脖子是一块空心儿木头，骨头和脚筋在里面锉来锉去，一走一疼。尽管如此，我们仍然情绪激昂，意气风发，一路又说又唱，忍着疼痛往前走。我至今清楚地记得，就是在这次"长征"路上，哥哥神神秘秘地告诉我一个秘密：妈妈比爸爸大四岁，妈妈为了掩饰这一点儿，在填表时少报了四岁。我记得当时听了相当震惊，因为从来想不到妈妈会有什么事瞒着我们，而且为什么要这样做呢？就是为了让爸爸觉得他们俩是同岁吗？女大男小的关系不好吗？爸爸不能接受吗？大人们还有些什么秘密没有告诉我们呢？

终于走到了白洋淀，那是一个到处是水的地方，我们到达的小村庄就在水边。站在村边远望水面，水面浩渺如大海，有密密层层的芦苇，我们还跟着老乡的船去打鱼，记得有一种鱼叫嘎嘎鱼，头大嘴阔，背上有一根竖起来的刺。我们住在老乡家，吃派饭，交给他们一些粮票和钱。村里生活印象最深的是村民上厕所的方式，厕所一般都是在地上挖个坑，周围用秫秸秆扎上一圈以避人耳目。最令人震惊的是听说老乡全都不用手纸，而是用一截掰开的秫秸秆，指头粗的秫秸秆外面有一层硬壳，硬壳里面却是像海绵一样的棉状物，想来是可以胜任清洁的功能的。只是跟我们从小的如厕方式差异过大，所以显得匪夷所思。

我们在好不容易到达的白洋淀并没有待很长时间，不会超过几个星期。有一天，突然从安新县公安局来了一帮警察，通知所有在村子里的北京知青集合，要把我们押送回北京。这一突如其来的变故让所有人都感到相当意外，至于原因嘛，谁也说不清。有几个版本，其中一个是说，有人反映这里是“联动”（中学生联合行动委员会，“文革”初期一个干部子弟反对中央“文革”的自发组织）的活动据点，所以要予以取缔。

来的警察里有男有女，我们被分成男女两组，分别被集中在不同的房间里。一个女警察要求我们交出所有的武器刀具，如临大敌的样子。女生这边的气氛还算平和，记得有个女孩还半开玩笑地问那个女警察：阿姨，水果刀也要上缴吗？那个女警察尴尬地说：不用了。可是男生那边的气氛就相当剑拔弩张，有个名叫“江山”的男生向警察抗议，居然被五花大绑起来，那是我第一次见到真人被捆绑。

随后，我们全体（大约三十多人）被押上一辆解放牌敞篷卡车，向北京飞驰而去。路上，大家心里七上八下，不知道等待着我们的会是什么，因为"联动"全都被关过拘留所，虽然我们并不是什么"联动"，但是那时公检法已经乱成一团，没有人还会想到按法律办事，一切都有可能。同去的一个比我岁数小的男孩在车上悄悄问我：你害不害怕？我说不怕，咱们什么也没做过。但是他很紧张，说：我挺害怕的，不知道他们要拿我们怎么办？我们跟早到村里的学生全都不认识，也不知道他们做过什么事情没有。

一路上，我的注意力全在江山身上，他长得很英俊，不知道是由于被绑的疼痛还是精神的屈辱，他紧紧抿着嘴唇，一颗泪水挂在他的脸颊上。我长这么大，除了在电影里，从没见过如此惨烈的情景，而且我正处于情窦初开的年龄，现在想来，我从江山的身上感觉到的是性感，他那被凌辱的痛苦形象像烙铁一样烙印在我的记忆之中，成为我后来性活动中常常出现的性幻想形象之一。后来我写虐恋小说，里面有一位常常出现的男主人公就被我命名为江山，就像小波小说中的王二那样，说明了他在我心中非比寻常的地位。

青春岁月

内蒙古兵团·西西弗斯

去内蒙古生产建设兵团是我体会艰苦生活的第一课。1969年至1971年，从十七岁到十九岁，我在那里整整待了三年。那是我第一次离开家庭，离开至爱亲朋，独自一人走向未知的未来。生活的艰苦倒在其次，精神上的痛苦是我人生路上的第一次经验。

从1969年开始，全国掀起知识青年上山下乡的狂潮。我因为出身不好，最初被分配到吉林插队，后来内蒙古生产建设兵团的人来招兵，我去申请时怕人嫌我家里有问题不要我，竟然写了血书去申请。那是我一生中头一次也是唯一一次写血书。我的申请最终被批准了——看来家里问题还没有大到不让我去“屯垦戍边”的程度。

因为去兵团的机会来之不易，所以我去内蒙古跟其他人心情不同。离京那天，记得是爸爸和堂姐翠珍到北京火车站去送我。几乎整列车都是去内蒙古的知青，送站的人群非常拥挤，简直可以说是人山人海，因为我们这些兵团战士岁数都太小（我们连队最小的一个女孩才十五岁），而且是第一次离开父母，火车启动的一刻，随着咯噔一下晃动，全车爆发出一片哭声。现在想来真是再自然不过，可是我当时的感觉却很意外，因为我没有一点儿想哭的情绪，反倒有一种跃跃欲试，走向火热生活的期待。我只是向父亲和堂姐挥了挥手，思绪却早已飘向远方，飘向我期待已久的生活。

记得刚上中学时，流行一本书，叫作《兵团的女儿》，写一位新疆生产建设兵团女战士的生活，她患了瘫痪，但还是努力奉献，把个人的病痛放诸脑后。看上去很像身体瘫痪的保尔·柯察金（《钢铁是怎样炼成的》主人公），也像忍受病痛的吴运铎（《把一切献给党》主人公）。记得当时还有一个脍炙人口的电影《年青的一代》，也是歌颂在边疆奉献的青年。我记得主人公由杨在葆出演，他是我第一个青春偶像。他的形象粗犷、英俊，我对他的感觉现在回想起来其实是性感，但在当时的语汇当中，性感一词完全缺位。一直到二十一世纪初年，电脑已经十分普及了，出现了不少中文输入软件和字库，可是当你用拼音打出“xinggan”字样时，并不会跳出“性感”这个词，因为使用率过低，这个词尚未进入字库，这件有趣的小事隐隐泄露了反性、禁欲时代的气息。比起我在美国留学时周边环境中出现频率颇高的 sexy（性感）一词，这种反差更加耐人寻味。可惜啊，现在的青年根本没有听说过杨在葆这个名字，他们倒可能影影绰绰地知道跟他演对手戏的那个男演员的名字，他叫达式常。在剧中，杨在葆是正面角色，是一位扎根边疆的勘探队员；而达式常则是反面角色，假装有病逃回上海，贪图享乐，千方百计逃避边疆艰苦生活。我对这个角色的厌恶不仅仅因为他是被批判的反角，还因为我隐隐觉得这样类型的男人不够性感。从那么年轻时我就不喜欢奶油小生型的男人，而偏爱粗犷性感的男人。

我们当时都很狂热地希望过一种献身的火热生活，而不愿意当逃避艰苦生活的自私自利、享乐主义的落后青年。记得在初一时写作文《我的理想》，我写的是做一个勘探队员，因为《年青的一代》中杨在葆饰演的英雄人物就是勘探队员。我当时最爱唱的歌是那首《勘探队员之歌》，那支歌曲调动人，歌词浪漫，充满革命英雄主义的激情：

是那山谷的风，吹动了我们的红旗，
是那狂暴的雨，洗刷了我们的帐篷。
我们有火焰般的热情，战胜了一切疲劳和寒冷。
背起了我们的行装，攀上了层层的山峰，
我们满怀无限的希望，为祖国寻找出富饶的矿藏。

火车开了很长时间，进入内蒙古境内，周围景色越来越荒凉，是典型的戈壁滩、大草原景致。一派“天苍苍野茫茫，风吹草低见牛羊”的粗犷感觉。后来，去云南插队的知青有很多都爱写小说（王小波也是其中之一），去内蒙古的却很少有人写小说（只见过《狼图腾》和老鬼的《血色黄昏》），我想其隐蔽的原因恐怕跟两地殊异的气候地貌及风土人情不无关系。云南的绿草茵茵和边塞风情使人能够寄托浪漫的情怀，而内蒙古的戈壁沙漠和粗砾寒冷的景致使人的精神变得粗糙和干硬。

下了火车，又坐卡车，卡车在凹凸不平的土路上颠簸了好几个小时之后，把我们连人带行李卸在了沙漠中间一块荒凉的洼地上。好在我们是自己从卡车上跳下来的，不是像自卸卡车那样由一根自动升起的钢柱把车厢前部顶起来，哗啦一下子卸下来的。后来看到许多知识青年的回忆录，有句套话："一见到那荒凉的大沙漠，我的心就凉了半截。"可是那不是我当时的感觉，我心中的准备太过充分，周围景致荒凉则荒凉矣，但还是不如我期待的那么荒凉，我的心也一点儿没凉，而是充满了火一样的狂热。

我们的连队是内蒙古生产建设兵团一师四团三连，那是沙漠中的一小片绿洲，一片平坦的空地上有几排土坯房，是用沙子下面的黏土直接和水脱坯盖起来的小房子。这土房还有另一种盖法，就是把前后各放一块木板，相距一墙之宽，然后用黏土掺水直接灌进去，打成一面墙，俗称"干打垒"。

兵团组建前我们去的这个地方叫作太阳庙林场，顾名思义，是以种树为主的，负责在沙漠上种沙枣树，另外还有飞机播种能在沙漠中存活的红柳和白刺。可是不知道为什么，我们这些城市来的学生一到此地，林场就被改为农场了。可能是因为这么多人要吃粮食，所以不得不把种树改成种粮食了。可惜，这个决策大错特错了，因为此地属于黄河河套地区，农地有灌无排，土地长期被水浸泡，很快就盐碱化了，远远看去，土地不是黄色的，而是白花花的一片，那都是水流走之后剩下来的盐碱。听说盐碱的成分是硝，是做炸药的材料，对于庄稼有极大杀伤力。多少年了，我们挥汗如雨辛苦种下的麦子，亩产才70斤，而光撒下去的种子每亩就有30斤。实际每亩只能收获40斤麦子。我们去收割麦子的时候，劳累倒在其次，主要的感觉是辛酸——那麦子长得稀稀拉拉，麦秆都很少有超过一尺长的。多年之后，我旧地重游，发现农场又改回了林场，充分证明当初的决定是个错误。

同样是兵团，东北兵团跟内蒙古兵团的人心情就不一样。后来看，主要是亩产700斤和亩产70斤的区别导致的。去东北的人干了活儿，流了汗，得到了应得的报偿，心情就比较愉悦；去内蒙古的人干了活儿，流了汗，什么也没收获到，而且还被周围的牧民骂，说开荒破坏了他们的草场，造成了沙进草退，心情就更加沮丧。大家拼命流血流汗，不但没有建设成果，反而是搞了破坏。这就从根儿上破坏了大伙儿的好心情，所以当其他地方的知青大讲“青春无悔”的时候，我们就不爱听，因为我们的青春是完全地虚掷了。正因如此，我们连总共才有一二百人，发了癔病的就有十几个人。那个癔病发起来就像一般的神经病一样，程度轻些，更精确的说法也许该叫“精神崩溃”。连里专门辟出几间土房，把这些得癔病的人单独关起来，倒也不是私刑的意思，而是保护他们不伤害自己，也不伤害周围的人。因为癔病发作起来，有很强的攻击性，摔盆打碗是轻的，如果打了人就会酿成灾祸。发作人多的时候，一人一间屋子不够用，可是也不敢把两个病人放一起，他们要是互相伤害起来，后果更是不堪设想。

相对于内蒙古很多的牧区，我们在这个农区干得很苦，带着

1 1970 年，在内蒙古兵团宿舍前

2 1970 年，在内蒙古戈壁滩上

年轻人的全部理想主义和狂热。残酷的现实把我们的理想主义打得粉碎，盖因那个地方根本不适宜种庄稼。挖出来的水渠，几场风沙就被填平，不但没有种出多少粮食，反倒造成了我们当中许多人终身疾病（一个十五岁的女孩因为挑担子压得骨裂）……上帝惩罚西西弗斯，让他把大石推上山冈，然后滚下山脚，重新再推。我们在那些拼死的劳作中找到了西西弗斯的感觉。在一个被用作流放地的小岛上，犯人们每天被迫从岛的这边挑起一担水经过汗流浃背的跋涉，把水倒到岛的另一边，或者是把一堆木头从岛的这边搬到那边，再费尽千辛万苦搬回来，如此反复，以至无穷。心理学家认为，毫无意义的劳作对人心理的折磨远胜过有意义、有结果的劳作，它能把人彻底逼疯。而我们最美好的年华就浪费在这种毫无意义的劳作上。回想起来，这种日常的平庸而无意义的劳作，对于我们正值青春的花样年华的虚耗，对于人的心灵的戕害，比起酷刑和赤裸裸的残暴更加有过之而无不及。

在北京，我没见过内蒙古那么雄壮的蚊子，得有两公分长，看去像架小直升飞机似的。蚊子还不可怕，更可怕的是一种叫作“小咬”的飞虫，也就一毫米长，可是咬起人来，狠劲儿比蚊子一点儿不差，一咬就是一个红疙瘩，更恐怖的是，“小咬”体积小，人在地里干活儿的时候，它们会钻进人的耳朵眼儿，搞得人生不如死。这都是我们刚去第一年的事情，后来时间一长，就再也没人在乎蚊子“小咬”了，它们不但从记忆中消失，而且好像也从现实中消失不见了。看来人是世界上最能适应环境的动物，再恶劣的生存环境，只要有口饭吃，有口水喝，人就能活下来。我们去的地方毕竟不是夹边沟，在那里，人才会像没水的秧苗一样，大批地枯萎死去。

在兵团最值得记忆的是沙漠之旅。在离我们驻地不远的地方就是一望无际的乌兰布和大沙漠。在兵团的三年间，我们到沙漠中去过几次,好像是为了军事训练去的。内蒙古兵团的定位是“屯垦戍边”，这是古代留下的一种做法，我们的编制方式全都是准军事编制，分师团连排，连长和指导员以上的干部都是现役军人。给我们发军装（没有领章帽徽），发津贴（而不是像农场那样发工资，男兵每月 6 元，女兵每月 6.75 元，多出来的是卫生费）。刚去的时候还搞夜间紧急集合、拉练，后来就越来越少了。

第一次见到绵延无际的沙漠是令人震惊的。大沙丘有好几层楼高，一面陡，一面坡，我们从缓的一面爬上去，然后在沙丘顶部坐下来，再从陡的一面滑下去。后来在一些沙漠旅游地也玩过滑沙，那是专门开辟的滑道，用专门的滑板来滑沙的，而我们当年的滑法才是最原始的滑沙。

在沙丘之上行走，常常能看到小动物一串串细小的脚印，据说是狐狸留下来的。有一次，我们去沙漠拉练，真的在几米的近距离见到一只狐狸，它恐怕一年也不会遇到一个人，所以一见到我们就飞快地连蹿带跳地逃走了，但是我们见到它却全都是惊喜。在大沙漠中跋涉了一阵，抬头一看，连长在远处的一座高高的沙丘上骑马伫立，像青铜骑士的雕塑，使人心中莫名感动。他那威风凛凛的风姿让人想起战争中真正的军事指挥员，可惜他领导的我们并不是真正的士兵，只是一些干农活的农工，也没有真正的战事，只有以苏联为假想敌的煞有介事的拉练。

在沙丘和沙丘之间有一小片一小片的空地，全是龟裂的坚硬如石的黏土，植物大致只有两种，一种是红柳，一种枝条呈紫红色的灌木；另一种叫白刺，也是灌木，但枝干是白色的。最让人惊喜的是白刺上会结一种黄豆大小的果实，非常甜美多汁，俗称“酸溜溜”，是非常好吃的野果。最不可思议的是，每棵白刺上的酸溜溜味道不同，有的偏酸些，有的偏甜些，所以每次吃酸溜溜都是一种冒险，有意外惊喜，不像你吃香蕉苹果之前早就知道它们会是什么味道。在北方那缺水也缺水果的地方，这种野果简直就像天赐美味，可惜数量有限，只能偶尔吃到。沙漠中还有一种水果，那就是沙枣了。沙枣树就像北方的枣树，只是树叶仿佛在绿色中掺了一些沙的颜色，成了带白色斑点的浅绿，沙枣比起大枣也多了一种沙沙的味道，个头不大，像酸枣。总之，口感不清爽，让人缺少吃它的欲望。后来看到一位右派写的夹边沟纪事，其中有一篇写到沙枣，大致情节是他那时饿得要死，有次出工碰到了一棵沙枣树，他为了摘沙枣偷偷离队，冒着被严厉处罚的危险饱餐一顿，把沙枣当成了救命的宝贝，天下少有的美味。在我知道了沙枣有多么难吃之后，对当年右派那种在死亡线上挣扎的惨状就有了更切近的了解。

说起吃，那可真是乏善可陈。饿倒是没有饿着，我们因为是准军事编制，粮食定量是很高的，每月 45 斤粮食，女生觉得多一点儿，男生觉得还差点儿，所以，男生常常找我们女生要吃不了的馒头。因为干的是重体力劳动，所以就连女生也能每顿饭吃两三个馒头。米饭是没有的，因为北方不种稻子。蔬菜也很单调，有一个女生排专门种菜，她们种出什么我们就吃什么，什么熟了就吃什么，有了萝卜吃萝卜，结了茄子吃茄子，没有太多的种类可以调换，所以有时能连着一个月吃一种菜。在那里，我第一次见到甜菜，像萝卜一样的圆球形，看上去很好吃，可惜这东西并不适合直接食用，而是用于榨糖的。也有肉，但是不多，多数是猪牛羊肉，偶尔也有骆驼肉、狗肉。有次过节，男生吃猪肉，女生吃骆驼肉，我们很纳闷，不知为什么要做这样的区分，后来听说是因为骆驼肉太“热”，男生是阳性的，本来就属热，再吃热的怕上火；而女生是阴性的，体质属冷，吃点热性的食物就不会太上火。这些中医道理听上去永远似是而非，用某位科普达人的话来说：所有拿不出实验室证据的说法都不科学。

有一次，连里出了食物中毒事故。忘了是过个什么节，改善伙食吃炸油条，可能是因为用的油不对，是胡麻油，吃了之后许多人开始呕吐，神志恍惚。据说有的人已经口授遗言，准备告别人世了。我那次反应不是太厉害，可能跟吃的多少和体质有关，很多人用牙刷把儿捅嗓子眼，让自己把吃下去的油条吐出来，逃过了一劫。最终，经过抢救，症状缓解，一个人也没死。那些留遗言的被人们传为笑柄，被大伙儿嘲笑了很长时间。

那时，医疗条件是很差的。虽然按照部队编制，每个连有一位军医，现役军人。叫军医，可也就是个军队卫生员的水平。有一次，我咳嗽，发高烧，军医给我开了病假，打青链霉素，折腾了很长时间才让我复工。当我问他我得的是什么病时，他却始终缄口不言，不知道是因为以他的水平无法确诊，还是因为怕吓着我，反正这位大夫任我怎么问，就是铁嘴钢牙，始终没有透露半点口风——病给你治好了就行了，其他就别多问了。所以那次我得的到底是普通肺炎还是肺结核之类的病，我始终也不知道，只是在几十年后的年度体检中，总是会有肺部陈旧钙化点的报告。公理公道讲，我去的兵团比起许多插队知青去的小山村的医疗水平还是要好很多，很多知青就因为痢疾一类的常见病死去了，再也没有能够从乡下回来。

物质生活的艰苦倒在其次，精神的苦闷才是致命的。在那个地方，我因为和一些人交好，给领导提意见，被作为反派人物批判，并且因为父母的问题和这些事入不了共青团。我早在师大女附中上初一的时候就写过入团申请书，当时被老师当作政治上积极上进的表现，把我的申请书（上面当然是充满了各种理想主义的话语，当然提到了刘胡兰——她十五岁就已经为革命牺牲了，我已经十三岁了，等等）当作范文给班上的同学传看。我那时在全班四十多人中是唯一的“三道杠”（少先队大队委员），我从小一直是拔尖人物，现在居然在周围人都入了团的时候屡试不中，这种遭遇对于人年幼时的理想主义具有致命的杀伤力。因为在这个遭受痛苦折磨的过程中，我看到了人性的丑恶，这同我过去在文学作品中看到过的丑恶大不一样，它是活生生的丑恶，伴有种种难以想象的丑恶细节，令人刻骨铭心，终生难忘。

由于身体和精神的双重折磨，当时的我已经处于精神崩溃的边缘（如前所述，我们连总共有一二百人，发了癔病的就有十几人，可能的原因既有周边景色的荒凉，也有生活方式的压抑。跟他们比，我的状况算不错的），每次写家信，都有对自己的长篇批判。记忆中信里有过这样的字句："你们在公园里培养出来的小女儿在现实中是一个什么样的人啊……" 多年之后（我早已离开兵团之后）才听说，当年我的每次来信都会在妈妈的同事中引起一阵骚动。妈妈会告诉他们：女儿来信了。可见当时家里人已经担忧焦虑到何种程度。他们一定是怕我熬不过去，得精神病。

所以，当我三年后从内蒙古回到北京，再见到过去的家园，就有了一种恍若隔世的感觉。还记得我回到北京后，与中学时的旧友相聚。聊了一阵，她突然抬手看看表，说："哎呀，我要走了，我还没写完小组总结呢！" 我马上开始发愣，觉得听到的好像是上辈子的事，这位朋友是留在我上辈子中的一个人，一个记忆。它显得那么不真实，或者说有一种重回娘胎的感觉。那时的我，感觉上已像是一个饱经沧桑的老年人，虽然当时我才刚满二十岁。一切的天真烂漫已经离我远去，我受不了它，无论见到以什么形式出现的天真烂漫，都会使我感到不知所措，甚至会引起一种轻微的反感。直到我三四十岁的时候，还会反复做一个噩梦，就是我又回到了兵团，可见这段经历对我是多么不堪回首。

我记得在我刚从内蒙古回到北京时，心中常常感到惶惑，仿佛失落了什么，并且为失落的东西而隐隐发痛。我感到心中一些最美好的东西被毁掉了，丧失了。这种感觉使人痛苦，但它又不完全是一种后悔的感觉。这是一种离开童年进入成年的感觉。虽然心中那些脆弱的真善美被现实中强横的假恶丑掩埋了，驱散了，但是我并不后悔，心里反而觉得比以前更踏实了，更成熟了，更有力量了。从这段磨难以后，没有什么样的生活我不能忍受；没有什么样的苦难我不能承受；没有什么人能使我再轻易地相信什么。

我们那一代人都喜欢阿·托尔斯泰的一句话：在清水里泡三次，在血水里浴三次，在碱水里煮三次，我们就会干净得不能再干净了。有赎罪情结的俄罗斯知识分子总是准备受这样痛苦的洗礼，中国的知识分子在二十世纪五十年代也经过杨绛先生所说的“洗澡”，但是心情不是像俄罗斯知识分子那样的悲壮，而是有更多的自嘲和尴尬。虽然我们当时根本算不上是知识分子，连知识青年的称号对于我们当时的那点儿学历来说都相当勉强，但是，我们的这段生活经历并非毫无价值、毫无意义。痛苦的现实生活的煎熬使我们在二十岁时就成熟起来，而现在的孩子们在这个岁数还在大学过着无忧无虑，对生活充满憧憬的学习生活呢。

在清水里泡三次，在血水里浴三次，在碱水里煮三次……这是从我们的肌肤血肉上得到的经验啊！从此以后，我们偏爱从自己血肉上得来的真理，我们不再轻信任何人。

这是我人生真正意义上的第一课，刻骨铭心，终生难忘。

读书·发现宝藏

从内蒙古兵团回来之后，报不上北京户口，我有整整半年的时间在家待业。在这段时间里，我看了能找到的所有外国文学名著。家里有收藏，还有报社父母的几位老同事家也有收藏。我是按照世界文学史上的书单挨排看的，边看边做笔记，笔记写了好几本。后来，我把这些笔记整理出版，书名叫作《我的心灵阅读》。这本书上了北京三联书店 2014 年度的排行榜。

现在回忆起来，我当时看书的饥渴感觉和疯狂劲头只有一个成语能确切表达，那就是“饮鸩止渴”。用这个词有两重含义，一重是当时所有的世界文学名著都被打成毒草，是所谓“封资修”毒害人们的毒药；另一重是，就是毒药也要把它喝下去。因为在那个年龄，在文化沙漠和物质的实在的沙漠上一待就是三年，精神实在是饥渴到了极点，根本顾不上喝下去的是什么东西。

后来我看到托尔斯泰对儿子看书的一个指导思想，他不主张孩子在太年幼的时候看好书，因为年幼使他缺乏理解力，而阅读世界名著的第一印象是不可复得的。换言之，如果在缺乏理解力的年龄第一次阅读了某书，就可能把这个宝贵的第一印象糟蹋了，等成熟之后再读，理解倒是理解了，初次读到好书时的快感却不可失而复得。我对照了一下托尔斯泰的想法，我读这些世界名著的年龄刚刚合适：二十岁，有了一点儿理解力，年龄也没有大到感受不到激情的时候。我心里暗自庆幸这个阴差阳错的安排：如果没有“文革”，我这个年龄正在上大学，哪有时间仅凭自己兴趣看书；如果我没有从兵团回家，而是继续在那里劳作，我也无缘有这么长的时间读书。

读书的结果确实是终身受益无穷的：在世界的文学宝库中的这次漫游使我获得了基本的审美鉴赏力，获得了脱离周围愚昧环境的世界观和人生观。我当时的感觉是：我似乎从此得到了一张特殊的入场券，拿着这张入场券，我将能够开启一道神秘的大门。大门洞开之后，我看到满眼的珍宝，而其中最宝贵的一件珍宝就是一个幸福的人生：它为我带来了小波，他是我文学上的知音，也是我从文学名著中看到的浪漫爱情的现实版本；它为我确定了此生的基本价值观和人生道路，使我将追寻快乐作为此生唯一的目标，而这快乐仅仅来自美与爱，不是来自任何其他的东西。

印象最深的几本书，一本是雨果的《九三年》。它浓墨重彩地描画了一幅法国大革命时代在“地上的战争”之外的“天上的战争”，前者是残酷的阶级斗争，后者是人心灵中善与恶的斗争。一位正在被追捕的贵族保守党重要成员，恰好遇到教堂着火，素不相识的女人和儿童等待救助，他如果不救人就能逃脱追捕，如果救人就会被捕和被判死刑。在这生死抉择的关头，他毅然选择了救人和从容赴死。在我从小所受的教育当中，只有地上的斗争，只有阶级的爱恨，而这本书却突然为我的心开启了另一扇窗户，使我得以窥见另一个天地，另一套价值。这书对我心灵的震撼真是无与伦比，记得我读这本书时泪流满面，这个场景被刻入心灵深处，终生难忘。

另一本书是车尔尼雪夫斯基的《怎么办》，它是革命经典和人生教科书。列宁对车尔尼雪夫斯基评价极高，称他为“唯一真正伟大的俄罗斯作家”，并总是将这本书摆在床头。

小说的副标题是“新人的故事”，是写一种史无前例的全新的人，他们投身于人类最伟大的事业，他们的生活和工作是为了人民的幸福；但同时他们又是全面发展的有自由意志的人，是道德高尚的人。他们是新时代的英雄，是来自人民，服务于人民的劳动者。他们找到了一条通往先进科学和崇高社会理想的道路。他们是职业革命家，而这工作给了他们最大的满足感和幸福感。他们在献出一生为先进理想服务时，并不认为这是“牺牲”。

作者提出，有三种人生模式：一种是宗教的，它主张牺牲，要求人为违反其天性的义务而压抑自己，克制自己的欲望；另一种是世俗的，完全不主张牺牲，反而认为人不为己天诛地灭，为了自己的自由不惜损害他人的利益；第三种人生模式既是世俗的，又是忘我的，它不是建立在不合理的义务和强制的基础上，而是建筑在高度的个人及社会自觉的基础上。这第三种人就是作者所说的新人。

新人可以做到为了人类的进步和他人的福祉而牺牲个人的物质享受和利益，但是对于他们来说，这不是强制的牺牲，而是崇高的和快乐的牺牲。这种立场在书中被称为“合理的利己主义”，它不是用理智来压抑感情，也不是一味束缚人的个性，而是寻求每个人的全面发展。

车尔尼雪夫斯基的观点是当时俄罗斯社会思想发展的最高境界。这本书虽然在文学史中地位并不高，但是对于正在寻找人生道路和生活伦理的年轻人来说，却是一本不可多得的伦理教科书。书中所倡导的“合理的利己主义”这种道德观，对我的人生伦理的形成产生了很大的影响。其中影响最大的是小说所塑造的一个神秘人物拉赫玛托夫，他被公认为革命者的典型。记得我对这个人物崇拜至极，以致他的读书方法和待人接物的标准都被我模仿。简言之，他的原则是只有最好的书才读，只有最优秀的人才见。不过我并没有学他睡钉板以锻炼意志，因为那个实在有点儿太过分了。

还有一本书是乔治·奥威尔的《1984》，反乌托邦三大经典之一。当时不是公开发行的，而是内部发行的黄皮书。那种阅读经历真是绝无仅有。因为我们所处的“文革”时期的社会状况跟书中所描绘的社会简直太像了，阅读时的心情只能用心惊肉跳、惊心动魄这样的词来形容。书里的每句话、每个情节都像泄露天机，让人看了浑身起鸡皮疙瘩，因为其中每句话单拿出来都是足以导致受批判甚至进监狱的“反动言论”，在当时那种极度高压的社会氛围中阅读这本书，是全世界的人读全世界所有的书都不会有的一种感觉，而且也是时过境迁之后自己也不会再有的一种感觉。还记得当初看到作者所创造出来的老大哥、电眼、真理部、新话、青年反性同盟等等被全世界在随后的几十年反复引用的意象，觉得作者写作这样一本书用鬼使神差、鬼斧神工这些词来形容，一点儿都不过分，他绝对当得世界上最伟大的预言家的称号。

还有塞林格的《麦田守望者》，它要算现代经典了。这是我第一次在小说中看到对骂人话的正面使用。这样的话随手拈来："到处都是他妈的伪君子。"当时，我对于小说中的人物性格、观念、语言有一种着魔般的感觉。这种阅读经验也是从未有过的、全新的。从这本书，我了解到古典作品与现代作品的区别。"每一页都是惊奇和快乐的源泉"，这本书真的无愧于"小说史上罕见的奇迹"这一评价。在美国，几乎所有大中学校都有一帮模仿小说主人公霍尔顿的学生，他们穿风衣，倒戴鸭舌帽，模仿霍尔顿的言行风格。该书甚至被美国一些大学的社会学课程指定为了解当代美国社会现状的必修读物。该书影响遍及世界，例如苏联青年作家阿克肖诺夫的作品就深受其影响。《麦田守望者》是在为极度苦闷的当代青年代言，提出"人生目的"这个永恒的问题，震撼人心。尽管小说并未对这一问题给出答案，但是如果有谁能够给出令人信服的答案，他将是一个伟大的人。

二十岁的这一次读书之旅，为我日后的人生确定了基调，它打开了我的心灵之眼，使我从懵懂混沌中一步步地走出来，一步步地走下去。这些书就像无边浓雾中远方的一盏灯，我向着这盏灯的方向走啊走，走向一个纯净美丽的世界。

沁县·农村生活

从 1973 年开始，我在山西沁县乔村——父亲的老家待了两年。我住在姑姑家，姑姑对我很好。姑父是个阴阳先生，有点儿神神道道的。老乡很朴实。我那段时间只做了两件事，一是下地干活，二是抽空读书。

农村给我印象最深的是清晨的气味。早饭前我们年轻人就出去干第一班活儿了。走在庄稼地里，空气中有一种沁人心脾的甜丝丝的味道。深深吸一口，好像能受用一整天，甚至一辈子。那是我对农村生活最美好的记忆。

干活儿在我来说是小菜一碟——经过内蒙古兵团的高强度重体力劳动，山西农村妇女干的那点活儿简直像玩儿一样。山西农村的妇女原本是不下地的，只做家务，生孩子养孩子，干完家务就串串门子聊聊天打发日子。估计是从集体化以后，妇女才开始干大田里的活。尤其是知识青年插队后，引起村里的大姑娘小媳妇一阵惊慌：这些女娃把工分都挣走啦。虽然一个工分也就值几分钱，可那也是钱呀。村里成立了“铁姑娘”队，我还当过一任队长。看她们挑两小筐土还被压得晃晃悠悠的样子，我就暗暗好笑：我们在兵团挑的土可要比这重一倍也不止呢。

对于当时宣传的“接受再教育”，我持将信将疑的态度，不知道有什么教育可以从那种纯体力劳动中获得。倒是见识了一些民俗，像婚丧嫁娶一类的，蛮有趣的。后来我做了社会学，对民俗这一块有相当的兴趣，没准就是那个时候埋下的种子。

记得有一次，村里有人娶媳妇要闹洞房，我也傻呵呵地往里闯，结果被一个表情很威严的老婆子挡了驾。这在我是很意外的，因为我姑父在村里有点儿地位，姑姑人缘也好，平常大家对我都是客客气气的。这回却不然，老婆子脸上一副凛然不可侵犯的表情，她代表的是民俗的权威——女人绝对不能涉足这种场合。我当时也是肃然起敬，很失落地走开了。

考大学时，我的作文写的就是农村生活，这跟我平常坚持写农村生活笔记有关。当然，心里也隐隐有个文学的梦，记录插队生活有采风的感觉。可惜这个梦就像我爸爸有一次所说：每个人在二十岁的时候都是一个文学青年。我爸爸当年在抗大时还写过歌词呢，是作曲家郑律成谱的曲，被人们广为传唱，但他最终还是改了行。文学永远是我理想的最高境界，但是它高不可攀，可望不可及。我的理想只能由王小波来实现了。王小波之所以能成为我的选择，部分原因就藏在我的文学之梦中。

因为是父亲的老家，所以有时姑姑会带着我去串亲戚。亲戚分散在方圆几十里的几个村子里，大姑在这村，二姑在那村，我住的这家是三姑，爸爸有一个哥哥、三个姐姐。他们的后代生活在各个村庄里。山西农村妇女真能生孩子啊，我三姑一生生了五男五女，只活下来三个女儿。婴儿死亡率高跟妇女要拼命多生孩子有直接关系——生这么多也剩不下几个，生少了就可能绝后，而绝后是中国人最无法接受的人生惨剧，所以“断子绝孙”能够成为对人最恶毒的诅咒。

有一次我们去仁胜村看一个未出五服的亲戚，他跟我大姐同岁，是个乡干部。他结婚后一直生女儿，而他一直坚持要生个男孩。经姑父诊断，是他家的房子朝向不对，于是他很认真地考虑要把房子拆掉按正确的方向重盖。最终，生了五个女儿之后，他终于生了个儿子，这才打住。他这种生法是很典型的，这也是中国实行计划生育之前的普遍状况。我看到当年所做的笔记，上面写道：“他的媳妇是个很好的青年，但是现在完全让孩子拖住了。人在这个世界上能做的事是多么少啊。我能比她多做一些什么呢？不由得想到将来。我一定要打破把孩子而不是把创造当作使自己不朽的办法的习惯势力。”看来，我当时已经意识到，中国人之所以热衷于生孩子，其中至少有一个原因：把生育当成了使自己永生的途径。这既可以算是一种世俗宗教，也可以算是一种精神归宿。西方宗教为人们指出的永生之路在于上天堂；中国的世俗宗教为人们提供的永生之路在于生育后代，把自己的基因（骨血、香火）世代相传。

我在村里那年，国家已经开始宣传计划生育了。记得有一天，村里一位外号叫“大洋马”的老婆子在街上大呼小叫：这共产党管天管地，还管起老婆们（女人）生娃儿了！听她那口吻，这事儿就像有人要管别人拉屎撒尿一样荒诞。的确，生孩子这件事从古以来就是天经地义，从来也没人管过。如今有人要管这件事，岂非滑天下之大稽？那时谁也没有料到，这事儿后来成了农村干部口中的“天下第一难”，而且家家户户的生活都受了影响。几十年下来，中国因此少出生四亿人，社会生活以及风俗习惯都因此发生了深刻而微妙的改变。这是后话。

由于姑父是风水先生，算个土生土长的准神职人员，我对农民的宗教信仰生活也有了一点儿点接触。农民都或多或少有点儿迷信，而且是潜在的泛神论者，相信鬼魂、因果报应、万物有灵等等，对于鬼神持有一种“不可不信，不可全信”的态度。村里流传着一些半真半假神乎其神的典故，因为原因不明，无法解释，所以带上了一种神秘而恐怖的色彩。例如，有一个人刨地，刨出一个肉蛋，还发着光，迸着火星，他把肉蛋带回家，结果一家子全死掉了，连人带牲口死了七八口。村民相信他是“动了土神了”。再如，有一个原本聪明伶俐的孩子，他爸带他去上坟，在坟地转了一圈，孩子就变傻了。当时是六七岁，现在十六七岁了，智力一直没有恢复。人们找不出这些神秘事件的原因，所以陷入恐惧和疑虑之中。

出于恐惧与疑惑，村民事事要来阴阳先生这里问一问，无论给出什么答案，总比完全没有答案好。于是我姑父家可以说是门庭若市，生意兴隆。有次我跟一位当过教书先生的农民大伯聊过这个话题，他在村里算是比较有见地的人，谈话中他甚至提到了

“神权”：

他：现在盖个房子办个事儿还是离不了这风水先生啊，这就是“不可不信”。可是外边公家盖房就不问风水先生了，这不就是“不可全信”吗？

我：现在拣日子（办事拣黄道吉日）的人还多吗？

他：多呀。修个门楼盘个炕，盖个鸡窝猪圈，打个窑洞，挖个高阶（厕所），人人还都是明着不问悄悄问啊。

我：给报酬吗？（这关系到我姑父的利益了，难道他是雷锋吗？）

他：给呀，问了哪能白问呢，不管是馍馍饼干，总得给些呢。

我：干部们也问吗？

他：干部就不问？都悄悄地问。别说村干部，那公社干部他就不信？他也悄悄问呢。有80%的人都会问。唉，这牛鬼蛇神可要了人们不少钱呢。（糟糕，姑父不但不是雷锋，而且成了牛鬼蛇神了。）

我：问一次是多少钱？

他：随他高兴呗，说要两块就给两块，还得给好吃的。要不然就说这神权，他们权可大了。自从1947年算账（土改），这神权才变成民权啦。

新中国成立后农村批判封建迷信，姑父这个行当不像过去那么名正言顺了，带上了偷偷摸摸、鬼鬼祟祟的味道。可是，在缺医少药的农村，这种活动还是有着深厚的群众基础。即使是北京郊区的农村，也不时出现一位神灵附体的巫婆神汉类人物，名声大些的，十里八乡的人们还会慕名前去问这问那，当然会带去丰厚的问询费。

因果报应、轮回转世的信仰在农民和乡村文化中有相当深厚的基础，它看上去有一半宗教信仰的成分，一半道德训诫的成分。在普遍不信神的中国社会中，这种准信仰起到了一定的规范人们行为的作用。当我问到是否相信轮回转世、因果报应时，一位农妇对我说："人就是不能干伤良心的事。前辈子害了人，后辈子就要遭报应，反正是逃不掉的，早晚要偿还的。"接下来，她给我讲了一个因果报应的故事：一个人从一个瞎眼老婆婆那里借了一蚂蚁箩的米，欺她眼瞎，还米的时候他把箩筐反过来，只还了一个箩底的米，老婆婆并没有发现。可这人死后就转生为一只母鸡，恰恰在这老婆婆家。他天天为人家生蛋还债，生到最后，毛也掉光了，还是强生下最后一个蛋，人家把他抓起来扔出去，说，这只秃鸡，毛都掉光了还生了一个蛋。他实在难过，托梦给他的女儿说，你无论如何去还了这老婆婆的米吧，我一粒米还她一颗蛋，下到最后毛都掉光了还让人家把我扔出去了。他女儿果然去替他还了这笔债。农妇总结道："这就说明人在啥时也不能安坏心眼儿。你害了别人，别人早晚也要害你。"我为了试探她是否真的相信转世，问：人下辈子能转生成树吗？她一本正经地答道：不能，只能转生成家畜这类动物，鸡牛羊马兔猪……

在当地，由于干旱频发，水浇地又非常少，庄稼全靠雨水浇灌，所以民间有许多祈雨仪式。还有一种鸟叫作“祈雨鸟”，因为这种鸟常常会迎风扇翅，频率极高，但是悬空停留，并不飞走，看上去就像人拱臂祈求的样子。有时，干涸的泉水忽然间复涌，也会引起轰动，十里八乡的人们都会去拜谒神泉，据说能治百病。有一次，神泉出现在离我们村不太远的地方，我专门跑去参观了一下参拜仪式。穿过一片开阔地，前方出现了一个巨石林立的山沟，一股清泉从石头缝中涓涓涌出。泉水近旁有块大青石，石头上摆满了“香炉”。所谓“香炉”不过是一些瓶瓶罐罐装上沙土做成。微风轻拂，虫鸣唧唧。一抬头，一棵大柳树居高临下地俯瞰着跪拜的人群。两个老太太缓缓走过来，脸上带着极其庄严肃穆的表情，略显呆滞。两人就地跪倒，双手捧香，拜一次插一枝香，然后开始烧纸。火柴划了一根又一根，不时被风吹灭。两张小黄纸被烧尽后，她们小心地包起纸灰，嘴里喃喃着：“老人家，给俺治治腿疼吧，俺这腿可迭（特别）疼啊。”仪式完毕，一位用手指蘸水擦拭着快要睁不开的老眼，虔敬地叨念着：“给俺治好这眼吧，糊得像是结了一层网，什么也看不清呀，老人家……”两位老人默默站起身走了。天阴沉沉的，一场大雨马上就要到了。

在村里时间长了，我交了农民朋友。记得有一阵，我跟妇女队长六六成了无话不谈的好朋友。她比我年纪小些，脸上被太阳晒得红扑扑的，有一双细细的眼睛。我们天天在一起干活，家住得近，上工下工同路，会聊几句天。她有次说出一番带点儿哲学意味的话来，令我对她刮目相看。那天在地里干活儿休息的时候，六六趴在地上唱歌，唱的是一个我没听过的小调，声音忽高忽低，音调里有一种悲凉的意味，我转头看她，一下愣住了：六六头靠在臂弯上，两眼失神地望着虚空，一大滴眼泪无声地淌下来，在她那风吹日晒的红扑扑的脸上流成了一道小溪。我惊愕地望着她，又用眼光询问素梅，她摇摇头，笑了笑。我有点儿不知所措，心里想了几种可能性：是不是妇女为挣工分的事跟她闹别扭，她觉得委屈了？是不是大家刚刚谈起的队里从上到下多吃多占贪污腐败，让她难过了？还是她找婆家不顺利了……没容我再想下去，六六已经开始招呼大伙去干活儿了。我看她，像什么事也不曾发生一样，脸膛还是那么红扑扑的，干不了一会活儿就挂上了汗珠。她对我说过：受苦的命就特别爱出汗。俗语说：吃饭出汗，一生白干。我告诉她，我也是个极爱出汗的人。她没说什么。收工路上，我照旧跟她一起往家走，我试探着问她今天为什么哭。她眼睛闪出一丝调皮的光彩。她一向是认真严肃的，我还从没见过她这种表情，心中不禁有点儿迷惑。这时，她直勾勾地看着我，说出一句话："人活着没意思呀"。我不明白她这是怎么了。她又说了一遍："人活着是真没意思呀。每年春天闹着种地，种地打下粮食来吃，吃完了屙，屙下的粪种粮，种完粮食又吃，年年一个样，就这样一辈子，有甚（什么）意思。"这就是我从一位普普通通的农妇口中听到的，带有哲学意味的对生命意义的追问。我当时仍处于寻找人生意义和人生道路的年龄段，这位农妇的话令我深思。

村里的耕作方式和所用农具相当原始，让人觉得仿佛回到数千年前，牛耕人种，天命神权。就在我住的那一年，村里通了电，家家户户有了电灯照明，告别了煤油灯的时代。碾子和磨开始被放弃了，村里有了一台电动的磨面机，人们抱怨去电磨磨面吃亏，可还是选择了电磨，因为它实在太省力了。农民对于电感到新奇神秘，因为不知道为什么灯会亮。灯泡脏了我姑父不让擦，说上面的点子是雷电炸上去的。从电想到雷电，这倒是一个相当合乎逻辑的联想。

那一年，沁县通了火车，在乔村远远地可以看到火车路过，村里的小孩还没见过火车，所以非常兴奋。据说天天都有村民去参观修铁路，结果有一天起重机钢缆断了，砸死了几个人，施工不得不改为夜间进行，可是那也无法阻止村民前往参观的热潮。

村里小孩问我：火车比汽车大吧？

我：大，可大了。

小孩：你坐过？坐在上边晃不晃？

我：不晃，就像在你家炕上坐着。

小孩：外呀（这样啊）。

沁县修铁路其实并非第一次。抗日战争时期，日本人曾经强迫老百姓修了一条从太原到沁县的火车线，民工们白天给鬼子修路，夜里跟着八路军去破坏路，把铁轨锯断扛走，送到八路军的兵工厂去，还把电线都剪断了，结果火车最终也没有通车。

在村里待到近两年的时候，每日单纯的体力劳动使人产生错觉，觉得自己就像一头牲口，每天从早到晚不停地干活，中间停下来吃个午饭就像牲口加饲料。那时候敢喝生水，因为据说只要喝完生水马上出汗，让它从身体里流出去，就不会得病，水再脏也不会得肠胃病。试着喝生水，还真没病过，看来传言不无道理。

一天因为下雨无法出工，望着窗外淅淅沥沥的雨，我写下了这样几句话：

> 我忽然想开了，我愿去随便做点儿什么工作，就种地也好，等到打仗时，就到战场上去牺牲了就完了。生活本来是很可笑很简单的。

小波有次说：我们这代人跟前面的一代、后面的一代最不一样的经历就是，我们体验过绝望的感觉。当时中国没有大学可上，也没有地方可去，我们曾经都当真想过一辈子做农民，在农村终老。而农村除了劳作种地，没有其他事可做，所以就连去打仗去死掉也不显得那么可怕了。

当时还写过这样几句话：

> 我是一个充满了热情的不能燃烧的人，好像一个有很多能量的燃烧品，但是没有炸开。我不知这还要持续多长时间。
>
> 原因是没有找到好的引爆物，只是干放着，这是外因。
>
> 但内因有什么办法呢？只有努力使内部的能量加大再加大。这是无限的。

重要的是保持热情，积蓄能力，在一旦有了引爆物的时候，发出更多的光和热。

在那样一种无目标的生活中，人不得不想到宇宙和人生的意义。这个问题早在二十岁就来到我的心中，在山西农村那两年孤寂的生活中，更是常常思考的问题。就此我写过很多日记和诗，这是其中比较典型的一篇：

世界在我的眼睛里是美好的，但是我在世界的眼睛里是不美好的。这有时使我心中不快，甚至有些病态的感觉。

呵，这又有什么关系呢？我只是茫茫宇宙的一粒微尘。一粒微尘的美好与否有谁会去注意呢？世界照样会美好地存在下去。

今天早上，雨后的景色格外清新，到处是花香和泥土特有的香味。远处的山峦在朝阳的照耀下，这里现出一片青翠，那里涂上一层薄金。刚刚醒来的村庄笼罩着一层清淡的炊烟，坪上的麦田一片碧绿，露珠在阳光下颤动。呵，多么美啊，世界！

我幻想着有一天我要到海边去，我要日夜坐在岸边的岩石上，看着大海奔腾咆哮，波涛起伏。那时，我将会更加理解宇宙之广大，个人之渺小，如沧海之一粟。

工农兵大学·初恋

我上大学的经历也许是世界上最奇怪的一种上学经历了。说它奇怪，一个是指进学校的方式，另一个是指在学校学习的方式。

记得我第一次试图进大学是在 1973 年，那年我没进去。

作为只上了一年中学就上山下乡的知识青年，我经过了在内蒙古生产建设兵团三年的磨练和山西农村一年的重体力劳动。那年我二十一岁，正在沁县插队。那里是我父亲的老家，他去太原师范读书前就生活在那里。记得我在坐长途汽车去沁县的路上，看着那蜿蜒曲折的盘山路，心里曾暗暗地想：当年爸爸就是从这儿走出去的，去太原，去延安，后来就到北京去了。想到这里，一个小小少年走出大山的身影使我隐隐地有些感动。他当年是怎么去的呢？一定是走着去的。因为他们家是穷人，恐怕出不起车费的。

我们那年上大学还是考了试的，记得为了应付考试，我请二姐帮我恶补数理化。因为我只上完初一，虽然是在当时北京录取分数线最高的学校——北京师大女附中，有当时最好的师资，但是我物理、化学都没学过。我姐姐小时候参加北京数学竞赛获过奖。后来她以上清华都绰绰有余的高分进入了哈尔滨军事工程学院，因为她们那个时代的年轻人都一心要献身国防工业。让她给我讲中学数理化简直就是杀鸡用牛刀，她解答我的问题深入浅出、玲珑剔透，让我着迷得不行，觉得数理化简直美得像诗。由此我得出一个结论：在启蒙阶段，老师的水平至关重要。你要是能碰上我姐姐这样的老师，你准保会对最枯燥的数理化都如痴如狂。

可惜我并没有学理科。那年山西大学的老师去沁县招生，老师看了我平时读书做的厚厚的几本笔记，看样子就有心要我。后来怎么没要我呢？我猜有句话得罪了他。他是外语系的，问我想不想学外语，我傻乎乎地说了一句实话：外语只能做工具吧。这话是只可以在心里想，不可以说出来的。可是谁让我那时候岁数小、阅历浅呢。后来山西大学就没要我。第二年，也就是 1974 年，我学乖了，不敢再挑剔专业了，结果上了山西大学历史系。

我说进大学的途径奇怪，是指我们那会儿都是工农兵推荐上大学的，老乡见我干活肯卖力气才推荐我。当然还要有关系——沁县是我爸的老家，哪能没点儿关系呢。最奇怪的还是我们虽然参加了考试，但是考试分数却没派上用场——那年正好闹“张铁生事件”，白卷最时髦，所以考得好坏就毫无意义了。早知道赶上这么一出，我就不必让姐姐给我恶补中学课程了。

二十二岁那年，我上了大学。我说这个大学的学习方式奇怪，是指学生们的来历千奇百怪，也不好好学习，尽在那里串同乡会。

1970 年代，我和“工农兵大学”的同学们

我们班四十多个同学，有十来个村党支部书记、副书记，来自山西省各县。由于他们知道毕业的分配原则是哪来哪去，于是就无心向学，只是热衷于去找同县来的别系的学生社交，准备回到县里拉帮结派，相互提携。我当时倒是没有浪费时间，因为我从小受到节省时间的严格训练，就是在地头休息时间我也不敢放松，在那儿背英文单词。现在有了三年大好时光，哪舍得浪费呢？所以我当时真是很用功，看了不少的书。一个朋友看到我读书的那股狂热劲头，给了我一个评价：我觉得你就像一架上满了发条的机器，从来都不停止转动。我当时听了还有点儿不高兴：我当时正值妙龄，又是个女人，被人比作一架机器，能高兴得起来吗？虽然我知道他这个比喻没有恶意。

说起珍惜时间，我还没有做到完美无缺——我在大学期间经历了初恋。

这次恋爱是我的初恋，把我害得相当惨，因为我爱上了他，他却没有爱上我。对于一个女人来说，世界上最惨痛的经历就是这种明珠投暗的经历。回忆中，那段生活不能叫作生活，只能叫煎熬。

当时我不知在哪里看到一句话：如果一个女人在二十三岁之前还没有陷入恋爱，她一生就不会再爱了。因为爱是迷恋，岁数一大，一切都看明白了，就不会再迷恋或者说痴迷了。我心里有点儿紧迫感，觉得应当恋爱了。

他就在这个时刻走入我的视野。他是我的同班同学，虽然家在当地，他的父母却跟我的父母相识，都是共产党的干部，而且做过同事。后来听爸爸说起，1949 年共产党进驻城市时，我爸爸被指派在北京，他爸爸被指派在这个外地城市，他爸还来找我爸商量过俩人调换的事情，我爸没有同意，所以后来我就成了北京人，他成了外地人。

他长得非常英俊，一米八的大个儿，有挺直的鼻梁和两条漂亮的眉毛，脸型瘦长，轮廓立体，脸型有点儿像欧洲人，不像亚洲人。他笑起来很特别：一边笑，一边斜睨着人。他的笑很有感染力。没过多长时间，我就能在几秒钟之内从一群人中分辨出他在不在。我心里明白：我爱上了他，是爱使我的感官变得敏锐。形势就是这样急转直下，我以极快的速度陷入了对他无可救药的狂热爱恋。后来看，这几乎可以算一见钟情。

从那时起直到我们最终分手，痛苦的折磨就没有停止过一时一刻。这就是单恋的苦刑。因为对方对我还毫无感觉，我这边已经烧得滚烫，整个人像一根燃烧的木炭，轻轻一碰就会化为灰烬。

有一次去部队学军，我们打靶，每人打三发子弹。他打了一个7环，一个8环，一环脱靶；我打了一个8环，一个7环，也是一环脱靶。还记得当时心中暗喜，把这种纯属巧合、毫无意义的事情都当成了一种征兆，好像跟他找到了一个共同点。后来我把这个细节写进小说，作为人在狂热爱恋时完全丧失理智的证明。

打靶归来，他递给我一张巴掌大的薄薄的小纸片，上面是他用钢笔速写的我趴在地上打靶的样子。当时心中的狂喜是难以形容的，那小纸片被我当宝贝似的珍藏了很长时间。其实，他也就是那么随手一画，并没有什么特别的意思。

后来有一天，他对我说：我知道了一个秘密，你的小名叫“三反”。如前所述，我七岁之前的确是这个名字，因为我是1952年“三反”运动时出生的，父母是记者，政治上过于敏感，就给我起了这么个小名。

既然是工农兵学员，就有无穷无尽的学业之外的麻烦事，比如学工、学农、学军。那次忘了又是学什么，入驻晋祠，我和他被分在一个小院里居住，我住北房，他住南房。那时，“四五事件”爆发，他的哥哥卷入其中，反对中央“文革”，被捕入狱，一度被判死刑。他为此事非常焦虑、抑郁，有时会躺在床上唱歌。小院中常常回荡着他忧郁的歌声。他嗓音很好，是一种忧郁的男中音。歌声拨动我的心弦，使我对他爱得更加如醉如痴。

我向他表明心迹之后，他的反应还不错。记得那时，我们常常在能躲开人的时候偷偷接吻。有一次险些被人撞到——我们躲在大院子旁的一个小院子里，正吻得如火如荼，突然有人找我们，在院里叫我们的名字，只要再一伸手推门，我们就会被抓个正着。记得当时心跳得仿佛打鼓一般，险些晕倒。幸亏那人走掉了，要不真不知会出什么事。

可惜，我们的恋情发展并不顺利，主要是两个人情调不同。我们虽然是同龄人，家庭背景也差不多，但是我在二十岁时有半年赋闲在家，看了我当时能找到的所有世界名著，灵魂基调因此与当时青年大为不同，在当时看，就是有了资产阶级情调，或用当时更常见的说法，是有了小资产阶级情调。分手时，他对我说：从小父母给我灌输的都是“棉暖不如皮，糖甜不如蜜，爹娘恩情深不如毛主席”一类的东西，真的欣赏不了你那情调。

记得刚分手的时候，我坐在教室里，想用刀子割自己的手臂，觉得只有用肉体的疼痛才能压住心中的疼痛。

初恋是美好的，也是痛苦的。我暗暗在心中安慰自己：虽然这是一次不成功的恋爱，但是我毕竟恋爱过了。这段几乎是单恋的经历令我刻骨铭心，痛彻心扉，直到王小波的出现，才把我从失恋的悲痛中挽救出来。

我和小波

光明日报·小波

大学毕业后，我在《光明日报》工作，出去是记者，回来是编辑。其间我写了一篇关于中国在近现代落后挨打的文章，为此在资料室里狠查了一阵资料，文章发了几乎一整版。后来我到上海去出差，突然发现很多单位都把我文章中的那批资料，以不同的形式挂在墙上：直方图、饼型图，花里胡哨。我估计是上海的某个宣传部门把这批数据发给了各单位，让他们搞现代化教育了：当时，“文革”刚刚结束，百废待兴，现代化是当时全国最具号召力的口号。

正是在这一年我结识了王小波。我在一个我们两人都分别认识的朋友那里看到了他的手抄本小说《绿毛水怪》，心里就有了这个人。虽然是“水怪”，还长着“绿毛”，初看之下有心理不适，但是小说中显现出来的小波的美好灵魂，对我的灵魂产生了极大的吸引力。

严格来说，《绿水毛怪》这本手抄本小说是我和小波的“媒人”。

小说写在一个有漂亮封面的横格本上，字迹密密麻麻，左右都不留空白，讲述了一对情窦初开的少男少女的恋情。虽然它还相当幼稚，但是其中有什么东西却深深地拨动了我的心弦。

小说中有一段陈辉（男主人公）和妖妖（女主人公）谈诗的情节：

白天下了一场雨，可是晚上又很冷，没有风，结果是起了雨雾。天黑得很早。沿街楼房的窗口喷着一团团白色的光。大街上，水银灯在半天照起了冲天的白雾。人、汽车影影绰绰地出现和消失。我们走到10路汽车站旁。几盏昏暗的路灯下，人们就像在水底一样。我们无言地走着，妖妖忽然问我："你看这夜雾，我们怎么形容它呢？"

我鬼使神差地做起诗来，并且马上念了出来。要知道我过去根本不认为自己有一点儿作诗的天分。

我说："妖妖，你看，那水银灯的灯光像什么？大团的蒲公英浮在街道的河流上，吞吐着柔软的针一样的光。"

妖妖说："好。那么我们在人行道上走呢？这昏黄的路灯呢？"

我抬头看看路灯，它把昏黄的灯光隔着蒙蒙的雾气一直投向地面。

我说："我们好像在池塘的水底，从一个月亮走向另一个月亮。"

妖妖忽然大惊小怪地叫起来："陈辉，你是诗人呢！"

从这几句诗中，小波的诗人天分已经显露出来。虽然他后来很少写诗，更多的是写小说和杂文，但他是有诗人的气质和才能的。然而，当时使我爱上他的，也许不是他写诗的才能，而更多的是他身上的诗意。

小说中另一个让我感到诧异和惊恐的细节，是主人公热爱的一本书——陀思妥耶夫斯基的一本不大知名的书《涅朵奇卡·涅茨瓦诺娃》。小波在小说中写道："我看了这本书，而且终生记住了它的前半部。我到现在还认为这是本最好的书，顶得上大部头的名著。我觉得人们应该为了它永远怀念陀思妥耶夫斯基。"在我看到《绿毛水怪》之前，刚好看过这本书，印象极为深刻，而且一直觉得这是我内心的秘密。没想到竟在小波的小说中看到了如此相似的感觉，当时就有一种内心秘密被人看穿之感。

陀思妥耶夫斯基这篇小说中的主要人物都是一些幻想者，他们的幻想碰到了冷酷、腐朽、污浊的现实，与现实发生了激烈的冲突，最后只能以悲惨的结局告终。作品带有陀思妥耶夫斯基特有的神经质的特点，有些地方感情过于强烈，到了令人难以忍受的程度。书中所写的涅朵奇卡与卡加郡主的爱情给人印象极为深刻，记得有二人接吻把嘴唇吻肿的情节。这是一个关于两个情窦初开的小女孩热烈纯洁的恋情的故事。

小波在《绿毛水怪》中以男主人公的第一视角写道：

我坚决地认为，妖妖就是卡加郡主，我的最亲密的朋友，唯一的遗憾是她不是个小男孩。我跟妖妖说了，她反而抱怨我不是个女孩。结果是我们认为反正我们是朋友，并且永远是朋友。

我与《绿毛水怪》产生强烈共鸣，自此对小波有了“心有灵犀”的感觉。记得我当时心中暗想：这是一个和我心灵相通的人，我和这个人之间早晚会发生点儿什么事情。我的这个直觉没有错，后来我们俩认识之后，心灵果然十分投契。

我第一次见到王小波，是跟我们共同的朋友去他家，找他爸请教学问方面的问题。我当时已经留了个心，要看看这个王小波是何方神圣。一看之下，觉得他长得真是够难看的，心中暗暗有点儿失望。后来，刚谈恋爱时，有一次我提出来分手，就是因为觉得他长得难看，尤其跟我的初恋相比，那差得不是一点儿半点儿。那次把小波气了个半死，写来一封非常刻毒的信，气急败坏。记得信的开头列了一大堆酒名，说：“你从这信纸上一定能闻到二锅头、五粮液、竹叶青……的味道，何以解忧，唯有杜康。”后来，他说了一句话，把我给气乐了，他说：“你也不是就那么好看呀。”心结打开了，我们又接着好下去了。小波在一封信中还找了后账，他说：建议以后男女谈恋爱都戴墨镜前往（取其防止长相成为障碍之意）。

王小波凌厉的攻势是任何人都难以抵御的。那是我们的第二次见面，也是第一次单独见面。地点是虎坊桥光明日报社我的办公室，借口是还书。我还记得那是一本当时在小圈子里流传的小说，是个苏联当代作家写的，叫作《普隆恰托夫经理的故事》，虽然此书名不见经传，但在当时还是很宝贵的。小波一见到我，就一脸尴尬地告诉我：书在来的路上搞丢了。他把书放在自行车的后座上，不知道怎么就不见了。我心想，这人可真行。

后来我们开始聊天，天南地北，当然更多是文学。正谈着，他猛不丁问了一句："你有男朋友吗？"我那时候刚跟初恋情人分手不久，就如实相告。他接下去一句话几乎吓我一跳，他说："你看我怎么样？"这才是我们第一次单独见面啊。他这句话既透着点儿无赖气息，又显示出他咄咄逼人的自信和无比的纯真，令我立即对他刮目相看。

小波这个人，浪漫到骨子里，所以他才能对所有世俗所谓的"条件"不屑一顾，直截了当凭感觉追求我。我们开始正式谈恋爱了，虽然从世俗的眼光看，一切"条件"都对他相当不利，我们俩根本不可能走到一起：我大学毕业（虽然只是个"工农兵学员"，但是也勉强算是上了大学吧），他初中没毕业；我在报社当编辑，他在一个全都是老大妈和残疾人的街道工厂当工人；我的父母已经"解放"恢复工作，他的父亲还没平反；我当时已经因为发表了一篇被全国各大报转载的关于民主法制的文章而小有名气，而他还没发表过任何东西，默默无闻。但是正如小波后来说的：真正的婚姻都是在天上缔结的。经典的浪漫故事都是俩人天差地别，否则叫什么浪漫？我和他就是一个男版灰姑娘的故事嘛。我早就看出来，我的这个"灰姑娘"天生丽质，他有一颗无比敏感、无比美丽的心，而且他还是一个文学天才，早晚会脱颖而出。恋爱谈了一阵之后，我问过小波，你觉得自己会成为几流的作家?他认真想了想，说:“一流半吧。”当时他还不是特别自信，所以有一次他问我:“如果将来我没有成功怎么办？”我想象了一下未来的情景，对他说:“即使没成功，只有我们的快乐生活，也够了。”他听了如释重负。

后来，小波发起情书攻势，在我到南方出差的时候，用一个大本子给我写了很多未发出去的信，就是后来收入情书集中的“最初的呼唤”。由于他在人民大学念书，我在国务院研究室上班，一周只能见一次，所以他想出主意，把对我的思念写在一个五线谱本子上，而我的回信就写在空白处。这件轶事后来竟成了恋爱经典——有次我在电视上无意中看到一个相声，那相声演员说:“过去有个作家把情书写在了五线谱上……”这就是我们的故事啊。

我们很快陷入热恋。记得那时我家住城西，常去颐和园。昆明湖西岸有一个隐蔽的去处，是一个荒凉的小岛，岛上草木葱茏，绿荫蔽天。我们在小山坡上尽情游戏，流连忘返。这个小岛被我们命名为“快乐岛”。可惜后来岛上建了高级住宅，被封闭起来，不再允许游人进入。

小波去世后，一帮年轻时代的好友约我出去散心，其中一位告诉我，小波的《绿毛水怪》在他那里。我真是喜出望外:它竟然还在！我原以为已经永远失去了它。

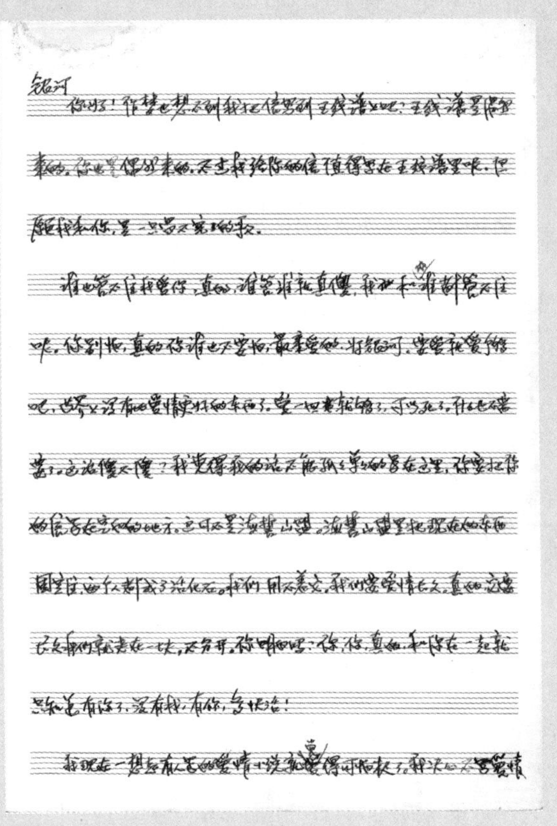

写在五线谱上的情书

国务院研究室·成名

1978年我调入国务院研究室工作，单位设在中南海里面。我对中南海的警卫佩服至极：他们从我上班的第二周起就不看任何证件了，全凭目测。每天进出那里的人那么多，他们是怎么做到这一点儿的？我猜不出，只有佩服的份。

这个工作岗位容易使人产生使命感，觉得自己的所作所为与国家的命运和人民的福祉沾上了边。其实，这是一种不切实际的自我夸大。我们只是权力的喉舌，是权力之手握着的笔，我们与权力的关系跟普通百姓没有区别。

当时我从王小波那里第一次听到“伴君如伴虎”这句话。由于缺少阅历，我原来根本不明白这个道理。能到这样的单位去工作，心里有的只是自豪感和责任感，甚至是一种历史感，并不明白政治的险恶。而他们家是深受政治斗争之苦的，所以知道其中的利害。我只在那里待了一年，后来中国社会科学院成立马列所，我就离开了这个单位，心里并无遗憾。

在这个单位工作时，我与好友林春合写了一篇文章，标题是《要大大发扬民主，大大加强法制》。这篇文章在《中国青年》首发，然后被全国各大报纸转载，《人民日报》的转载还专门加了编者按，成为当时轰动一时的文章，也许应当算是我的“成名作”吧。正是从那篇文章开始，我的名字进入了公众视野。在2008年，我被“中国改革开放三十年论坛暨评选活动”评为中国改革开放三十年三十名社会人物第一名，很大原因就是有人还记得当年的那篇文章吧。当然，跟我后来的所作所为也不无关系——在1999年，我也曾被《亚洲周刊》评为中国最具影响力的五十个人物之一。现在想来，并不是那篇文章有什么特别深奥杰出之处，而是因为当时的中国正好需要民主和法制这两个东西。我们只不过是时代和政治的代言人而已。这就应了福柯所说的“作者消亡”的观点，他认为作者是谁并不重要，一种话语的流行只是某个时代的需要，即使不是由这个作者说出来，也会由别的作者说出来。

那段时间的一件大事是参加了理论务虚会，那是一个改变中国社会进程的重要会议。因为“文革”刚刚结束，百废待兴，中国正处于思想解放运动的前夜，这个会议是一个信号：思想解放运动开始了。这个会议打开了一扇大门：我们从此可以自由地思想，自由地发声，自由地呼吸了。这个会议集中了全国所有最重要的思想家、理论家和意识形态专家，全都是原中共中央顾问委员会委员于光远那个级别的，还有一批中老年理论工作者。我在会上是会务组成员，负责编写会议简报。会议在京西宾馆召开，那是当时重要会议的举办地。

就在那段时间，出现了街头大字报，大字报前人头攒动，群情激昂。我们下班后也常常骑车去那里看看。记得在那里，我第一次看到顾城的诗：

黑夜给了我黑色的眼睛
我却用它寻找光明

当然还有声名远播的《论言论自由》，皇皇巨著，振聋发聩。作者有一种极好的文风，一扫我们从小到大看到的文章的八股气，条分缕析，直白清新，使人感觉到逻辑的坚实和思想的力量。从那里，我知道了民办刊物《今天》，后来一直是它的忠实读者。

我还去玉渊潭公园聆听过北岛等朦胧诗人的诗歌朗诵会。在一片林间空地上，大家围成一个圆圈，前排坐后排站。记得那次北岛去了，他身材瘦长，穿着朴素。那个时代，没有人有华丽的衣服，也没有人看重穿着，那是一个重精神轻物质的时代，是一个理想主义飞扬的时代。北岛的真名叫赵振开，我们当时并不知道，但是他的诗歌早已口口相传、脍炙人口了：

卑鄙是卑鄙者的通行证
高尚是高尚者的墓志铭

还有食指的《相信未来》，那也是“文革”后期在朋友圈子中流传甚广的诗歌：

当蜘蛛网无情地查封了我的炉台
当灰烬的余烟叹息着贫困的悲哀
我依然固执地铺平失望的灰烬
用美丽的雪花写下：相信未来

这诗从朋友手中传来，我是一个字一个字抄写过一遍的。这是那个时代青年的心声，它说出了我们心中的所思所想，它的所思所想也变成了我们的所思所想。

忆起那个激动人心的时代，那个群情激昂的时代，心中充满愉悦。也许正因为我们一直处于缺氧状态，所以当我们能够自由呼吸时，感到了前所未有的畅快；正因为我们一直属于“沉默的大多数”，所以当我们能够发声时，感觉到了前所未有的自由奔放。我们看清了事实，发现了真理，找到了自己的人生道路，就像国家也找到了正确的发展道路。我们全都像当时的国家一样，意气风发，一切都不在话下，借用毛泽东的诗词来形容大家当时的心气，就是“可上九天揽月，可下五洋捉鳖”。这话将人的豪情壮志表达得淋漓尽致，激动人心。而在那个时候，那种激越不是一个人的豪迈心情，而是全民族的，所有人的。

那段时间的生活只有“如火如荼”一词可以精确概括。一方面社会氛围在高压的十年间已经达到了极限，可谓万马齐喑、积重难返；另一方面，我们这些“老三届”正处于生命力最旺盛的年龄，每个人都雄心勃勃要建功立业，大展宏图。这股力量迸发出来简直就像火山爆发，声势浩大，摧枯拉朽，整个社会都像服了兴奋剂一样，人心沸腾，人心思变。

“文革”中有很多小圈子，大家频繁聚会，探讨国家前途、社会发展道路，人类理想的实现，也传看好书，共同讨论。由于书少人多，每本这样的好书都会引发排队，在一个人手里只能停留一两天。我记得这样看到的书有奥威尔的《1984》，有德热拉斯的《新阶级》，等等，那种阅读经历真是激动人心，就像在伊甸园里偷吃智慧之树上的苹果一样。当初亚当、夏娃偷吃禁果有了羞耻之心，我们偷看禁书也得到了最初的启蒙教育，“振聋发聩”这类词都不足以形容。因为那时读书不仅有瞎子睁眼、聋子复聪的感觉，还像是一脚踏进了海盗藏宝洞，只觉得眼前奇珍异宝，目不暇接，恨不得长出一百双手，席卷而去；又像一个饿极了、渴急了的人，突然面对一桌山珍海味，恨不得长出一百张嘴，狼吞虎咽，风卷残云一样纵情饕餮。

社会学·入门

1979年，中国社会学复兴，源头是费孝通发起的一个社会学夏季讲习班。参加者认为，这个讲习班在中国社会学复兴中的意义类似于黄埔一期对于中国军队的意义。自1954年院校调整将社会学取消以来，这是在中国恢复社会学的先声。

除此之外，这个讲习班对于我来说还有一个特殊的意义——我在这个讲习班上结识了美国匹兹堡大学社会学系主任霍兹纳，并随后在他的帮助下进入匹兹堡大学学习社会学，最终在1986年和1988年分别获得社会学的硕士和博士学位，走上了社会学研究的道路。

兴致勃勃地听着讲习班的课程，我对社会调查的内心冲动在那个时候迸发出来。突发奇想之下，我私自设计了一个简单的问卷，是一个文化趣味的调查，里面都是一个个的陈述句，例如：京剧比交响乐好得多，芭蕾舞比地方戏好得多之类。下面按照问卷设计的经典做法列了多重选择：非常赞成，比较赞成，一般，比较反对，非常反对。我在单位开了一纸介绍信，就跑到附近的街道居委会去发问卷。那时的人都很质朴，一看到介绍信就办事，觉得好像是上级布置的任务似的。等到问卷收回来，我一看就乐了：大家都填得很认真，有的人不大熟悉多重选择题这种答题方式，在问卷的空白处批道：这种说法太绝对了。我根本没打算用调查结果做什么文章或调查报告，只是过一把社会调查的瘾而已。可惜到后来，人们很快告别了社会调查的童真阶段，到 2000 年前后，问卷调查的成本就已飙升至每卷一百元，现在，随着通货膨胀，恐怕更加水涨船高了。

那年，我着手翻译我的第一本译著《现代社会学入门》。这是一本社会学的入门书，正符合我当时的爱好。原书是日文，为此，我上了一个日文的短期训练班，该班只教笔译，不教口译，是个速成班。记得那个训练班远在怀柔，我当时正与王小波热恋，以致不得不鱼雁传书，互诉相思之苦。唯一的好处是因此留下了一批王小波的书信，在小波百年之后还能使我重温他的音容笑貌。

在我 1982 年去美国留学之前，这本书就翻译好了，可是由于种种原因，直到我归国之前才得以出版。以我那点儿日文基础，翻译这本书只能说是“初生牛犊不怕虎”。这本书更多的意义是使我对社会学有了一个初步的了解。

自从上了这个社会学讲习班，我就在心里埋葬了我所不喜欢的历史学。原因很简单：在我心中，历史永远是一些年表一样的东西，从来没有活起来，没有生命。我最终放弃了历史学，走向社会学。

1979 年，我和社会学夏季讲学班的同学们

结婚·"女共党"

经过两年的热恋，我和小波结婚了。当时，小波是在校生，是不允许结婚的。但是他有一重特殊的身份——由于工作年头长，他是带薪大学生，有工作单位可以开出结婚证明书来，这就和单纯的以学校为单位的学生不同了。我们钻了这个空子。记得怕人家深问，横生枝节，我们登记时找的是我的一个好朋友，她当时正好在街道办事处工作，负责结婚登记。她打个马虎眼，我们也就蒙混过关了。那是1980年的1月21日。

那个年头，根本不兴搞什么婚礼，只是两家人在王府井全聚德吃了一次饭，两家一共去了十个人，兄弟姐妹都没去全，也没有什么仪式，就像普通的亲戚聚会吃饭一样。后来我听爸爸说，他们家给了五百块钱，我心里暗暗纳闷，为什么是他们家给钱，不是我们家给钱？我百思不得其解。后来学了社会学，我才悟到，这钱的性质是彩礼啊。

小波的一帮同学朋友还到我家举行了一个秘密聚会——毕竟

1980 年，我和小波结婚，在北京宿舍楼下

在校生结婚是规定所不允许的。他们中有一大帮人是开学之前在去教育部请愿时认识的，这些人都有一个现在听去很可笑的头衔，叫作“可教育好的子女”。这个称谓无论从哪个角度看都是荒诞的：第一重可笑之处是，这些子女是可教育好的，暗含着他们的父母是不可教育好的，可是一些公民怎么就会成了不可教育好的人了？第二重可笑之处是，怎么知道这些子女是可教育好的？还不知道能不能教育好就将之命名为“可教育好的子女”，岂不武断？第三重可笑之处是，谁教育？谁受教育？怎样算教育好了？怎样算没有教育好？标准是什么？

小波是因为父亲尚未平反，他的好友刘晓阳是因为母亲“文革”自杀，尚未平反，其他人也都有类似情况。按照上个世纪六十年代的标准，都是不能录取为大学生的。后来开始拨乱反正了，这帮人就跑到教育部去请愿。幸运的是，他们最终争取到了被录取入学的权利。

这帮朋友来时，有一位骑着自行车一手扶把，一手抓着一个一人多高的金属立式衣架，是朋友们凑钱给我们买的结婚贺礼。我下厨做了些菜（我不得不惭愧地承认，我的厨艺不怎么样），多数是买的熟肉和现成的凉拌菜，十来个人围了一桌子。饭后大家嗑着瓜子聊天。记得小波一位同学当时说了句话，我还觉得有点儿不受听——有人问起他什么时候结婚，有没有对象，他说：怎么也得比嫂子强啊。那同学长得的确比小波好看，也是蛮有才的，可那也不能这么说话呀。它使我不快的原因有两重：他比我的小波强，他爱人比我强。我是个完美主义者，在我心中，小波是完美的，我是完美的，我俩的爱情更是完美的，所谓完美就是到头了，哪能还有比这个还强的？幸亏我不是小心眼儿，不然就跟他认真生气了。

当时这帮人的思想倾向以及小波在班里的形象，还有一个侧面的印证：他的同学听说他的老婆是个“女共党”，全都大惊失色，难以置信。这说明，小波在同学心目中完全是个离经叛道者，竟然娶了个如假包换的共产党员，真是匪夷所思。他们哪里知道，我们俩竟是互为“良心”的呢？谈恋爱时，我对小波说过，心中隐隐觉得他是我的“良心”，因为他们家早早落了难（“三反”运动时，他的父亲被打成阶级异己分子），当时他父母的朋友都纷纷躲开了，不但不再造访，在街上碰到还假装不认识（这是小波写《寻找无双》这篇小说的心理动因）。他小小年纪就体验到世态炎凉。而我的父母仕途比较顺遂，没有像他的家庭那样遭受到社会的不公，这一经历使我心痛。

令我略感意外的是，他竟然说，他也觉得我是他的“良心”。这又从何说起呢？原来，我代表了对社会的正面看法，对于共产党领导穷人推翻富人统治、建立一个平等社会的肯定。尽管他的父亲受到了不公正的对待，但他毕竟也是个老革命，是当年奔赴延安的知识青年，跟我父母如出一辙，对中国革命当然持基本肯定的态度。尽管后来出现了腐败，但是不能否认，共产党在1949年建立起来的是一个人人平等、没有剥削压迫的社会。这是一个不能否认的事实，是社会的各种弊病和他家特殊的悲惨遭遇都无法遮蔽的历史事实。所以他会把我当作他的“良心”，对于我是共产党员也不会真正介意。尽管后来有的人入党仅仅是为了当官，甚至为了搞贪污腐败，但是也不能否认，有些人入党还是出于理想主义的动机的，是善良的好人。小波深知我属于后者，所以才会跟我搞到一起的。

说起小波考大学的经历，还真有些一波三折。1977年恢复全国高考，当时小波家三兄弟都在工厂当工人：大哥小平在京郊煤矿挖煤，弟弟晨光在卷烟厂做烟卷，小波在一个全都是残疾人和老大妈的街道工厂当工人。小波在三兄弟里行二，他的很多小说里都有一位主人公叫王二，尽管高矮胖瘦各不相同，却都有他自己的影子，恐怕有点儿作者自况之意。大学停办时间过久，对恢复高考的消息大家都有点儿将信将疑，所以那一年只有小弟晨光去应考，小波和小平根本就没去。万万没想到，三兄弟中资质最差、哥哥们从来不带他玩儿的小弟一考即中，高高兴兴背着书包进学堂去了，这下小波、小平才醒过闷来：原来真的能上大学啦？！俩人一通复习，结果小平在1978年一举考上了大学本科和研究生，当然选择了读研究生，后来成为中国社会科学院哲学所数理逻辑大师沈有鼎的博士生。小波在我的撺掇下先去考了提前招生的中央戏剧学院，后来才去上了人民大学。考戏剧学院的过程颇具戏剧性：他是先考过了一试，复试时才被刷下来的。未过复试的原因小波没有细说，但影影绰绰记得是复试老师问他最喜欢谁的戏剧，小波说的是萧伯纳，没说中国的戏剧家。后来遇到史航——他是戏剧学院毕业的——据他说，在戏剧学院，萧伯纳是个禁忌，特别受排斥，原因不明。小波嘴里吐出萧伯纳的名字的一刻，他的被拒就板上钉钉了，不需要其他理由了。后来小波在杂文中调侃郭鲁茅巴，恐怕就是故意宣泄一下他考戏剧学院受的腌臜气。不过话说回来，如果当初小波上了戏剧学院，一定会被那些文学理论烦死，中国没准儿就会因此痛失一位独树一帜的小说家啦。真可谓“失之东隅，收之桑榆”啊。

在小波上大学的那段时间，他在海淀区的人民大学校园住宿，我在中南海上班，也是住办公室，一星期才能见上一面。正值热恋，相思之苦该有多么厉害可想而知。就在那几年中，我们互相写了不少信，写在五线谱上的情书就在那段时间，倒也因此留下了不少书信，成了无心插柳的一个典型事例。

留学生活

美国·海外生活

1982年我整三十岁。俗话说：三十不学艺。可我偏偏在那一年离开我喜欢的工作、新婚燕尔的丈夫、生我养我的中国，远渡重洋去读书。大洋彼岸那个陌生的国度，在我心中有一点儿点神秘、一点儿点新奇、一点儿点可怕。一切要靠自己硬着头皮去闯。好在我们这一代人早已习惯了远离父母、远离亲人，一个人孤零零地去闯天下的生活。

记得写入学申请时，曾请一位在京的美国朋友为我当时半生不熟的英文润润色。我解释自己出国留学动机的一句话令她大惑不解。我写的是：我想去留学，就是想了解一般人对事物的通常看法是怎样的。她不明白这怎么能成为一个动机。她太不了解我的成长环境，太不了解当时的中国，太不了解刚刚成为过去的那一段历史了。

刚刚结束的那场政治运动以及我的青少年时代，对于一个正在摸索人生道路的孩子来说，是多么让人困惑啊。周围的气氛充满狂热、荒谬、扭曲、变态、粗暴、冷漠、无知和残忍，几乎每个人都处于半疯状态，正常的理智无处可寻。记得小波常引用的一句不知出处的话：人生在世只有两个选择，不是做傻瓜就是做恶棍。在那个时代，清醒和善良是多么稀少呵。因此，我去留学，的确有这样的想法，想恢复理智，想了解一下在一个正常社会中生活的正常的人们是怎样想事情和做事情的。这种想法，一个来自那个世界的人怎么能理解呢？

飞机在旧金山（也许是纽约？我记不清楚了）降落，等候转机。我不知道等候着我的是什么样的生活，这倒有点儿像1969年那辆破旧的卡车把我们卸在荒凉的乌兰布和大沙漠时的感觉。记得北京火车站载满知青的火车刚一启动，火车上哭声一片，我没有哭，心里充满憧憬。我只是感到，这是我生活中一个重要的转折点，未来的生活无论是怎样的，它都将是我的生活，是我的生命。我希望它是光明的、快乐的、色彩斑斓的，不希望它是晦暗的、郁闷的、委琐的。

据说美国人均耗费的热能是中国人的三十倍，换句话说，他们的平均物质生活水平是我们的三十倍。但是，我并不太看重这个——他们每天吃的东西不可能是我们的三十倍，他们的床也不可能比我们的大三十倍——人的物质需求相差不大，满足了基本需要之外的供给对我来说没有意义。更有意义的倒是精神的享受：感人至深的情感，清澈有力的思想，所有的虚构之美——音乐、美术、戏剧以至优雅的生活。

深夜的机场有一种轻轻柔柔的背景音乐，这在我前三十年的经历中是从未遇到过的，带点儿异国情调，给刚刚离乡一日的我带来一丝淡淡的乡愁。

等待着我的将是什么样的生活呢?

海外生活遇到的第一个问题是语言。我除了初一时学过一年，做工农兵学员时学过一点儿，并未正经学过英语，基本靠自学。所以出国时英语是半生不熟的,听课只能听懂5%,全靠岁数(三十岁啦)、阅历(做编辑记者、做研究的经验)和从“文革”中断学业之后修炼出来的自学能力，硬着头皮读书。

我觉得中文把上学说成读书很有道理，学校不一定能教人什么东西，重要的是读书，自己多看书就行了。我想这是我们这一代学者的共同经历。杨小凯(杨曦光)因为写了一篇文章《中国向何处去》在当学生的年龄被关在监狱里，他的学习是靠有学问的狱友点拨和自学，后来他在国外做教授，成了一个大经济学家，据说是中国最接近诺贝尔经济学奖的人。全世界有几个学者的初等教育是靠在监狱自学的?可这就是中国这一代人的共同遭遇。我从初二开始停课，一切全靠自学，上那个工农兵大学也没从学校教育中得到任何东西，全靠自己看书。

如今到美国读研究生，当然会故伎重演，最后得到社会学硕士和博士学位，也没觉得费什么大劲，就是因为我从来没有把学校教育当成一个高不可攀的关口，而是把它视为一种猫捉老鼠的游戏而已。老师就像猫，设立了一些程序，比如学期论文啊，硕士博士学位啊，作为老鼠，只要不被猫捉到就行了，主要的时间还是自己读书。这种思路我贯彻始终，当我后来做了博士生导师时，遇到一位我师大女附中的学姐（我上初一的时候她上高三），她是一个在职研究生，其实已经是副教授了，就想在我这儿读个学位。我知道，我根本没啥可教她的（谁教谁呀？），我马上明白了她的意思，自始至终就对她说了一句话：咱们一定把成本降到最低。换言之，我这只猫不捉老鼠，而是配合它得到它的奶酪。她是个玲珑剔透的人，马上心领神会。她拿她的学分，写她的论文，我们几乎都没怎么见过面，后来她顺利地拿到了学位。她是一位很好的学者，调查做得很好，她书也写得很好。我们果然把她拿学位的成本降到了最低。

由于我算"自费公派"研究生——我当时在社科院已有中级职称，所以出来上学必须算公派。虽然公家一分钱都没出过，全靠我自己申请到的每月几百美元的奖学金——刚入学不久，社科院外事局的一位干部来校考察留学生状况，我当时正着急，猛然见到一个中国人，她又很亲切，我就像嫁到异邦突然见到娘家人的新嫁娘似的，跟她聊着聊着不禁潸然泪下。结果她回国后到院里汇报说我处境非常困难，闹得我们所长直说：以后英文这么差的人可不能往外派了——其实，我是因为学校给了奖学金才去的，哪里是你们派的？这个情况后来似乎广为传播，以至我回国后在一个聚会上碰到个老朋友，他劈头就问我一句话：听说你在外面上学一开始急得直哭？把我闹了个大红脸，支支吾吾说不出话来，顾左右而言他。

说实话，学位这种东西对于我来说，真是小菜一碟。那些还没出过校门的二十岁的小青年，怎么能跟我们这样的好像已经活过一辈子的三十岁的人比呢？除了一开始英文有点儿不适应，着了一阵急之外，我很快就上了道，几乎门门功课都得 A，就是得 B 我也不在乎，不像除了 ABC 之外不知道世界上还有什么重要事的乳臭未干的小大学生那样啦。

学生的生活真是乏善可陈，听课，做笔记，做学期论文，做学位论文，做助教，批改学生作业。我的过往经历倒不至于令我厌学，但是作为一个“老学生”，那种初入知识之境的好奇心早就被过多的涉世经历消磨殆尽。六年学习最大的收获是受到社会学研究的科班训练，学会了日后投身社会学研究的基本技能：如何选题，如何选择研究方法，如何抽取样本，如何实施调查，如何分析数据，如何撰写研究报告，等等。

匹兹堡大学有一个非常好的东亚图书馆，虽然比不上哈佛的东亚图书馆，但藏书量也不错。在那里，我第一次读到了李敖，读到了柏杨，读到了在国内见不到的中文书。读李敖有振聋发聩之感，也有强烈共鸣，以至后来回国后去台湾做学术交流时，听不进台湾学者对他的批评。记得那是在上世纪末的某年，第一次去台湾参加两岸社会科学交流会议，这个系列会议一年在台湾召开，一年在内地召开，坚持了十几年，所以我仅仅为这个系列会议就去了台湾五次。每次会议结束，接待方安排了旅游项目，从北到南，从西到东，把台湾游了个遍。在日月潭游湖时，由于会议规格高，我们被告知游湖的船是当年蒋介石用过的船。有一次，在闲聊中，我问与会的“中研院”社会学所的同行对李敖的看法，他们说：他早就过气了。我听了还挺受伤的，因为李敖曾经是我的偶像。尽管他已经过了气，尽管对他这个人臧否纷纭，他在我心目中是一个奇男子。他不仅学问挺棒，做人也相当不落俗套，见过他遮挡要害的裸体照，也喜欢他的打油诗：

> 不爱那么多
> 只爱一点儿点
> 别人的爱情像海深
> 我的爱情浅

尽管有人说他的诗是抄袭徐志摩的，但丝毫不能减少我对他的偏爱。

读书之外，美国生活中最值得留恋的就是看电影。我们成长的岁月中有长达十年只有八个样板戏可以看，翻来覆去地看，到了听上句知下句的程度，何等烦闷，何等饥渴。忽然间掉到了一个电影的汪洋大海之中，简直就像做梦一样。我们从生活费中挤出一点儿钱，订了两个付费电影频道，全天二十四小时放电影，保证每个月提供六十部新电影。在那几年中，无论时间多么紧，我都保持了每天看两部电影的频率。

电影看多了之后就发现，好电影不多，80% 的电影都是垃圾，所以日后我就改变了观影习惯，只看口碑好的电影，不是大众说好，而是正经的影评人说好的。至少也要有人写过评论、推荐过的，也就是说，影片即使是失败的，也是值得一评的，否则就不必浪费时间去看。

我们着实看过一批真正的好电影。小波最为推崇的是《美国往事》和《低俗小说》，那的确是不同凡响。前者浓墨重彩地描绘了几个黑帮分子源自童年的友情，其中那个他们共同爱恋的清丽的小女孩真是美若天仙、超凡脱俗；后者穷凶极恶的黑色幽默一气呵成，横扫银屏，为人们带来巨大的快乐。小波与我在审美方面一向默契，他爱的我也爱，他喜欢的我也喜欢，共同咀嚼、共同回味、共同欣赏这些人类最智慧的灵魂的巅峰之作，成为我们生活中的一大乐趣、一大享受。

留学生的生活很清贫，也就是勉强过得去吧。那几百块奖学金也就是刚刚够吃饭和付房租，我一个人的时候还好，两年之后，小波办了陪读，只有免学费，没有生活费，两个人花那一点儿奖

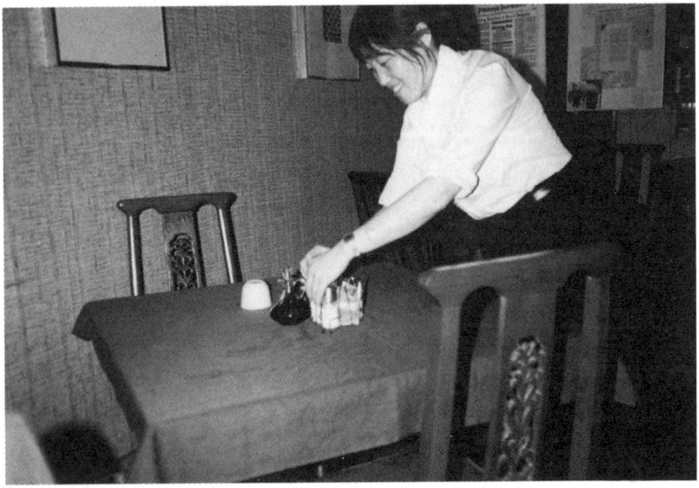

1980 年代，我在匹兹堡北京饭店做服务生

1983 年，美国匹兹堡家中。我寄给小波，在照片背面写道："你的三反一点儿也不漂亮，可是她爱你。"

学金就有点儿捉襟见肘了。于是，我们俩都打一点儿工。我每周有一天时间在一个台湾人开的饭店（叫"北京饭店"）里当服务生，小波因为英文不好，在后厨刷碗。他有次还跟一个上海人一起去帮人家干过一阵装修房子的活儿，是个小活儿，没干几天，后来在他的海外生活杂记中写过一点儿。

匹兹堡地区治安良好，有一年还评上过"全美最宜居城市"，所以我在那里生活的六年当中，从来没碰上过什么治安问题，动作片上常常出现的警察开车追匪徒的景象也从未遇到过，就连车祸也没怎么遇上过。小波有次倒是碰上了一个勉强算是涉险的打劫事件：有一天打工路上，有个瘦骨嶙峋的老美拦住他，管他要钱，小波说，我没钱。那人指指他鼓鼓囊囊的上衣兜问：这是什么？小波老实告诉他：是烟，不是钱包。老美说：那就给支烟吧。小波就给了他一支烟打发他走了。据小波分析，他碰上的一定是个瘾君子，情急之下才会打劫。

中国学生单纯文弱的性格已经给人留下了软弱可欺的印象。一位朝鲜族的同学就坚持认为，这是汉族人的通病。他举例说，有一次他到意大利出差，碰到一个人抢了他的照相机就跑，他紧追不舍，追了好几条街，用摄影支架做武器，生生把照相机抢了回来。他说，你们汉族人要是碰上抢劫总是乖乖地投降，从来不会反抗。他的说法或许有点儿以偏概全，但是汉族人的孱弱与少数民族的强悍，的确有点儿历史烙印的味道。在匹兹堡中国同学中流传这样一个典故：有一位美若天仙的上海姑娘，有一天跟她的文弱书生型男朋友在一个僻静的公共汽车站等车，等着等着，有个大个子黑人肩扛一个手提式收音机走过来，音乐放得很大声。那个女孩心虚胆寒，竟然走上前去问了那黑人一句话："你是不是要抢劫？"那黑人先是一愣（也就是说，他一开始可能并没想抢劫），然后笑着回答说："是啊，我要抢劫。"那女孩把手里的钱递给他，他收了钱走掉了。这事儿是真事儿，听了真令所有的中国人气结啊。

据说当时有个美国议员提出一个意见：这些中国留学生都是中国社会的精英，但他们的生活境况太差，接触的都是美国社会底层的生活，会对美国的社会制度留下坏印象。这一说法不无道理，所有的中国人只要一出国就变得特别爱国，就是这个道理，觉得还是中国好呗。所以，后来有人把那个时期的留学生活叫作

“洋插队”，并对那些没有打过工的人侧目而视，就像对不曾下过乡吃过苦的人那样。到了后来，这种情况大为改观，某年我受匹兹堡大学社会学系和东亚研究中心联合邀请，去做演讲，旧地重游，发现留学生个个都买了房子，俨然过上了美国中产阶级的生活，觉得真是今非昔比，鸟枪换炮了。更有些官二代、富二代，在那里挥金如土，即使在美国也得算富人了。

尽管生活很拮据，我们俩还是设法省钱遍游美国，甚至游了欧洲。这在那个时期的中国留学生中不多见，即使是老一辈留美的学生（二十世纪三四十年代的留学生）也很少有能力去游欧洲。匹兹堡大学地理系的一位华裔老教授，对我们居然花与存款不成比例的钱去旅游颇不以为然。他是当年留学毕业后留校教书一点儿点奋斗成功的华人，我们在匹兹堡大学时他已经快到退休年龄了，有全套的房子、车子、老婆、孩子和终身教职。在他看来，我们还没有什么正经收入就花钱去旅游，纯属不务正业，太过奢侈了。其实，旅游不一定就是奢侈，富有富的游法，穷有穷的游法。为什么穷人就不可以旅游？

我们在美国这几年着实旅游了好几次，省吃俭用攒的钱大多用在了旅游上，因为我们从结婚就不打算要孩子，这样，除了两人的吃住也没啥花销。

第一次旅游是小波来美国的次年，他哥哥小平到新奥尔良的图兰大学读书，我们跟他约了，先去新奥尔良看他，然后三人一起去佛罗里达玩儿。当时我们已经买了一辆二手车，是 1977 年产的一辆大福特车，黄色，车况还不错，因为太老旧，所以只花

1 1985 年，我和小波赴佛罗里达旅游途中

2 1985 年，我和小波在新奥尔良跨海大桥前

1980 年代，我在匹兹堡

了700美元。我们俩都是在停车场练了两下就去考车牌了，因为是自动挡的车，也没什么难度，那时匹兹堡考个车牌是26美元。先是笔试，考交规，很容易就考过去了，然后就是路考。我一共考了四次路考都没考过去，只好放弃了，因为考平行泊车，一前一后放两个汽油桶，要求把车停到两个汽油桶中间，我总是撞汽油桶，结果就没拿到驾照。只好由小波一个人开车了。

我一来不善于摆弄机器，二来属于神经特别紧张的类型，所以特别不适宜开车。后来回国买车后，我也从没有起过驾车的念头，加上朋友是个技术特棒的好司机，曾做过出租司机，所以我也乐得终身只坐车，不开车。

记得去佛罗里达的路上，有一段路根本就碰不上什么车，小波就让我开一会儿，我开了没有五分钟，后面就跟上来一辆警车——美国的警察是怎么隐蔽起来的？一路开车都看不到他们，可是只要一犯规，他们就像从天而降那样出现了。我赶紧靠边把车停下来，警察彬彬有礼地请我出示驾照，并说：你们的车压了好几次黄线，怎么回事？他一定是以为我是酒后驾车了，我出示了实习驾照，他很理解地点点头，但劝我最好不要驾车了。我们听从劝告，赶快换了过来。这五分钟就以我此生唯一的一次驾车经历计入了我的驾车史。

新奥尔良是一个法国味道很重的城市，奥尔良本是法国的城市，这里有很多法国移民，按照他们的风俗习惯来建立这座新城，所以叫新奥尔良。尤其是法国社区，窄窄的街道上有黑人音乐家在吹萨克斯管，那是我第一次接触所谓蓝调音乐，感觉怪怪的，说不上好听难听，只是觉得异国风情十分浓烈。我们在那一条条小街上梭巡，沿街都是各色店铺，琳琅满目。我平生第一次见识了裸体舞酒吧，那些舞者被叫作 go-go-dancer，她们一点儿也不美，因为不是什么高尚的地方，按概率也不会有太出色的姑娘。小平和小波还好，我在那个酒吧里就显得太尴尬了，这不是女人来的地方嘛。我们只是在里面待了一小会儿，就落荒而逃了。后来我在泰国曼谷参加艾滋病研讨班，举办方也把参观色情酒吧作为一个项目列入日程。我们男男女女一行十几个外国人去了一家这样的酒吧，脱衣舞女站在高台上，有一大排，扭来扭去。有男人往她们的三角裤里塞钱。作为女人，看女人跳裸体舞还是感觉怪怪的，尴尬超过有趣。由于西方女权运动高涨，男性裸体舞酒吧已经应运而生，估计去那儿感觉会好得多。

我们是圣诞节假期去的新奥尔良，我们这些穷留学生手里没钱，却想旅游，就报名参加了一个教徒献爱心的活动——一些虔诚的基督教徒，自愿在感恩节时在家中招待陌生人。就这样，我、小波和他哥哥小平三人在佛罗里达州的萨拉索塔，住进了一位教徒的家。记得那是一个很朴实的充满亲情的大家庭。父亲是一位开塔吊的司机，母亲是家庭主妇，有一大堆孩子。过感恩节，每个人都得到一份礼物，就连我们几个也不例外。记得我得到的礼物是一件很厚实的套头衫，上书“Sarasota”，竟然很合身，令我感动，觉得主人真是太朴实太厚道了。

有一天早上吃早饭时，我们聊了起来，男主人是个很朴实很普通的美国人，身体壮实，面相和善。他挨个问我们在大学学的是什么专业，我说社会学，他没说什么。轮到小波哥哥小平，他说：哲学。接下来，男主人的一个问句让我们全体陷入目瞪口呆、面面相觑的尴尬境地，他问的是：什么是哲学？我们万万没有想到，竟会有一个成年人不知道什么是哲学，就像从来没接触过这个词似的。事后细想，许多人的确从来不知道哲学是什么，在他们的日常生活中，也完全不涉及哲学。然而，对于一个活得清醒自觉的人来说，生活中是不可以没有哲学的。哲学能够为我们提供关于宇宙（物质世界）和人生（精神世界）的思考，帮我们走出心灵困境和眼前的不快，重新获得开朗的心境和快乐平静的人生。

记得在这次旅游路上，小平作为大哥跟我很严肃地谈了小波将来发展方向的问题，他说，靠写小说没法维生啊。我坚持小波必须写小说，因为他的文学才能要是荒废就太可惜了。争论最终没有达成一致意见。小波最终还是走了文学的路，因为在我们看来，生计或那点儿物质生活太容易满足，实在不行，我一个人工作也够用了。而文学是他的生命，不写小说他这个人就成了行尸走肉，那样物质生活水平再高又有何意义呢？

小平其实是一个天赋很高的人，他在国内是数理逻辑泰斗沈有鼎的研究生，拿了博士学位才出国的，是小波的启蒙老师。小波对他这位大哥从心底佩服，曾说过“小平的智力高我十倍”这样的话，可是小平居然放弃学业在美国做了餐馆老板，真令人扼腕叹息。小平这人就是太过忠厚，太看重养家活口的责任，认为必须要为妻子儿女提供一个体面的生活。他把这责任自愿压在他宽厚的肩膀上，不惜废弃他那睿智的头脑。有一个细节可以知道他为何做出这样的抉择：他在北京101中上学时有个好友，是个数学天才，小平来美国时，那位已经在北卡罗来纳大学当了数学教授。他们两家有交往，有一回，两位妻子通电话，教授妻子说：你知道我们今天吃什么吗？我们吃大虾。小平妻子就心酸了，因为小平那时候才是个学生，只有少得可怜的一点儿奖学金，他们手头拮据，生活困窘。小平夫妇在美国又生了第二个孩子，为了让妻子儿女过上过得去的体面生活，小平最终做出了令我和小波唏嘘不已的选择。小平后来在《我的兄弟王小波》一书中把我们的生活叫作“吃风屙烟”的生活，就是指的我们忽略物质，看重精神的选择。

萨拉索塔不是热门旅游地，在海滩，我们随随便便就能捡到拳头大的海螺，令人喜出望外。在迪士尼世界，我们这几个成人也像返老还童一样，玩儿得乐不思蜀。但是，这种地方虽然热闹，却是去一次就够了——这个地方总给人一个印象：它是美国人儿童心性的写照。美国这个民族就像一个健康的、贪玩的、爱热闹的大孩子。相比之下，欧洲则像个孱弱典雅、老谋深算的老头子，而中国则像一个既老态龙钟又急赤白脸的暴发户。

这次佛罗里达之旅最远到达了被叫作“天涯海角”的Key West。那是佛罗里达最南端由多座跨海大桥连接起来的一串岛屿。最后的一座岛屿是一座美丽的小城，我们在那里看了著名的落日。海鸥飞翔，白帆点点，落日的余晖为大海抹上一层金色，令人心旷神怡，倍感世界璀璨，生活美好。多年以后我做了同性恋研究才偶然听说，“天涯海角”是美国著名的同性恋栖息地，不禁在心中忆起那里的美景，觉得他们真会选地方居住。就像人们说的，在中国，两种人住的地方景色最美，一是和尚，一是军队，没想到在美国却是同性恋最会择美而居。

第二次在全美旅游历时一个月，行程计划更加雄心勃勃。为了省钱，我们到AAA汽车旅游机构申请了送车服务，就是把一辆顾客想从美国东部送去西部的车一路开过去，然后再到这个机构的西部分支，去领一辆顾客想从美国西部送去东部的车一路开回来。有没有这样的顾客完全是随机的，全凭运气，而我们的运气就是这么好：去时碰上了一部从匹兹堡送到洛杉矶的车，回来时碰上了一部从洛杉矶送到费城的车。

我们这么做还有一个原因：我们的米黄色大福特车出了事故，寿终正寝了。那年，我们去了一次尼亚加拉大瀑布，印象颇为不错。尼亚加拉大瀑布横跨美加边境，听说从加拿大一侧观看更加壮观，于是我们决定申请去加拿大。美国公民出示一下护照就可以过去，可是外国侨民就必须办理入境签证，且要求必须去费城的加拿大领事馆面签。于是，一天清晨我们起个大早，开着那辆老旧的福特车驰往费城。小波那时车技不佳，半路上下高速时正好迎面遇到朝阳的强光晃了眼，车子一下子撞到了护栏上，撞得还挺狠，勉强开到汽修站，人家说你这车没法儿修了，我们只好弃车搭长途车回匹兹堡，去加拿大的计划就此泡汤。当时，我和小波手拉着手沮丧地走向长途车站，那副惨象，令我想起阮籍走到深山无路之处大哭而返（“时率意独驾，不由径路，车迹所穷，辄恸哭而返”)。在美国，中国人的车技差是出了名的，脱口秀中常常在讽刺某人自吹时用到：你技艺高超？恐怕高超得就像中国人开车吧？这不，我们又给他们提供了一个中国人车技高超的反例。

言归正传，我们在 AAA 领了一大堆公路地图，就风风火火地踏上了征程。这一路走走停停，用了整整十天才从匹兹堡开到洛杉矶。美国的州际公路南北向的是单数，东西向的是双数，所以我们是沿着 70 号公路去洛杉矶的，其中路过大峡谷；然后沿 90 号公路返回，路过黄石公园。一路上可以说真是饱览了美国的山河，有幽谷深潭、大河小溪、一望无际的大草原，也有寸草不生的黏土地大平板，开几十公里见不到人烟，连树木花草都见不到，实在壮观。

大峡谷一带的地貌很像我国陕北，土地是红色的，高高低低的土山沟壑，形状千奇百怪。要是在中国的旅游区，肯定会被导游附会出无数的动植物名字以及神仙典故。美国的大峡谷完全没有人居住，不像中国陕北同样的地貌上散落着众多的村庄。听说中国一些干旱少雨地区的扶贫工程，也开始有了整体迁走的思路，早就应该这样，因为这种地方根本不适于人类生存。美国人多数住在城市，很少能见到如此雄浑的大自然景观，所以大峡谷对他们的视觉冲击力肯定比我们大很多。

在黄石公园看“老忠实”要好得多。“老忠实”是一股自然地热喷泉，因为每隔一段时间一定会忠实地喷发而得名。喷泉有几十米高，非常壮观，令人流连忘返。我们一路上或住帐篷营地，或住汽车旅馆，又用了十天的时间才从西部回到东部。把车送到费城后，又顺便逛了一下。

在美国旅行的感觉是，所有的大城市都很相像，所有的小城镇也都很相像。所以外来旅游者要是仅仅出于好奇，就看一两个大城市，再看一两个小城镇，其他就不必了。美国的大城市总是高楼林立，小城镇则总是在入口处立着一个小牌子：

镇名：巴黎（或者华沙之类，净是欧洲大城市名字，这么取名是出于幽默感吧）

人口：3255人

占地面积：……

小城镇一般就是一条主要大街、几家小商店、一个小教堂，剩下就是住户一栋栋独立的两层建筑，形状颜色各异，家家户户门前有个小花园，种着各色花朵，漂漂亮亮、干干净净。这些小镇让我想起插队时，人们对中国县城的描述：一个大十字（马路），仨警察。其实，美国的小镇甚至比中国的县城小太多了，比中国的乡镇也小多了。咱们中国盛产人口嘛。美国的小镇因为人烟稀少，往往给人一种凄清荒芜的感觉。这一感觉，在多年后读到的福克纳那些以小镇生活为背景的小说中，得到重温。

1986年，我们利用暑假时间，买了欧洲的火车学生通票，记得才三百多美元，还可以坐头等车厢。我们游历了英国、法国、德国、意大利、奥地利、比利时等国，本来还打算去希腊，但是

1985年，在美国旅行途中，大峡谷

由于签证信息错误（听说中国人可以免签，其实只是台湾可以免签，内地的护照却不可以，可能因为当时希腊反共吧），我们都已经登上了渡海轮渡，竟然被硬生生地拦了下来，沮丧而归。

欧洲给人的印象跟美国太不一样了，主要是人文景观的天壤之别，美国只有两百多年历史，哪里有什么人文景观？两百年之前那里不过是原始部落社会的天下，哪能跟欧洲几千年的文明相比？

在英国，我们住在剑桥大学的朋友家里。我们在剑河中划了那著名的船，那河、那船，都是上镜最多的景观。撑一支长篙，让船从水面静静划过，水下的水草轻轻摇曳，两岸是绿茵茵的草地和剑桥古典建筑的剪影，一些人零零散散地在草地上或坐或卧，看书、聊天、晒太阳，悠然自得，像点缀在绿草地上的花朵。那情景令人不禁想起徐志摩的《再别康桥》：

悄悄的我走了，
正如我悄悄的来；
我挥一挥衣袖，
不带走一片云彩。

剑桥的诗情画意，被徐志摩的诗歌永远地镌刻在人们的心中，而当我们在剑桥的草地和小街上徜徉时，眼中的景色，心中的感觉与诗中相比，有过之而无不及。我特别喜欢的是许多一人难以环抱的大树，树干背阴的一面覆盖着一层青苔，绿绿的、茸茸的，这是我此生在其他地方都没有见到过的，让人心中为自然之美动容，竟至几乎潸然泪下的程度。

离剑桥不远，是莎士比亚的故乡，我们带着朝圣的心情去了那里。他的老房子是一个古旧的两层建筑。英国的老房子是那么矮小，感觉每层的层高只有两米多一点儿点。我们还去了莎士比亚的墓地。后来听说，西方有一场关于莎士比亚是否真存在过的争议，似乎是说莎士比亚的戏剧是民间文学的集大成，假托莎士比亚的名字得以流传。这就像耶稣基督是否真实存在过一样，最大的可能性是，他们的确存在过，但是他们的事迹有些却是附会上去的，比如耶稣的复活和莎士比亚的那些杰作。因为年代实在太久远了，误传、附会和演绎是完全有可能的。

在伦敦，除了大本钟和伦敦桥这样脍炙人口的地方，我们还按图索骥，去参观了一个地牢博物馆，里面陈列着古老的监狱、牢房、拷问室和各种刑具。小波倒没什么，我就有点儿从虐恋角度出发的兴趣和好奇心了。但是，看到那些粗糙的木制拷问架——把被拷问者绑紧在一个木架上，然后用绞盘把人体拉伸到难以承受的程度——我却只觉残酷，没有找到任何性感的感觉。由此可见，虐恋的感觉绝对不是单纯的暴力，而必须是与性感目的联系在一起的暴力；虐恋的视觉要求也绝对不是粗糙和丑陋的东西可以满足的，而必须是精致和优雅的才行。

从英国渡海到法国港口加莱，可以看到英国海岸边那片著名的白色礁石。在法国，我们当然去了卢浮宫，还有凯旋门和埃菲尔铁塔。有种说法，只要你在巴黎，在任何一个角落都能看到埃菲尔铁塔，我们是到跟前去了的。去的时间早，埃菲尔铁塔下面在睡袋里过夜的流浪汉还没起床呢。选择性的流浪生活是欧洲特色，在文学门类中还有“流浪汉文学”这一支，就写他们的生活。反观中国，如果一个人成了流浪汉，必定是家里出了大问题，不是孤儿寡母，就是流离失所，基本上没有人故意选择这样一种生活方式的。

我们有时为了省旅馆费，就在火车上过夜，一等车厢很空，那软软的沙发座当作床也够长够宽。比如，从巴黎上车，睡一觉醒来就是尼斯。尼斯的裸体海滩我是第一次见识，并不是质量很高的海滩，沙子太粗，简直不能叫沙子，只能叫沙砾。人是密密麻麻的，像一片人海，多数人都并非全裸，而是半裸，即“上空”，男女都是。我和小波毕竟来自裸体尺度极为不同的国度，所以心理障碍太大，我们俩都是穿着一般的游泳衣裤去的，在周围的裸体人群中显得略微有些扎眼。那些人的裸体真是很美，本来就很美的乳房和臀部再那样无忧无虑、无牵无挂地自然流露展现，令人不由感叹造物的鬼斧神工。我们想拍照又不好意思，小波只好假装给我拍照，意在背景中的裸体，就这样留下了几张醉翁之意不在酒的照片。

在意大利，水城威尼斯给我们留下最为浪漫的印象，纵横交错的河道网络，小街上鳞次栉比的店铺，就连铺路石都有千年的历史了吧。由于水位升高，圣马可广场已经岌岌可危，处于被淹没的边缘。鸽子在自由地啄食，不时飞起降落，游人如织。四周文艺复兴时期的建筑古色古香，充满了历史感。意大利给人的感觉是，这个国家的人什么都不用做，就守着他们的古迹，收世界各地游人的参观费就可以维生了——也许再卖点儿旅游纪念品。当然，要加上开旅馆、开饭馆、开博物馆，就可以稳稳地过上快乐而慵懒的生活了。谁让你没有，人家有呢？谁让你非要巴巴地远涉重洋来看呢？又有谁邀请你到这里来死呢？《威尼斯之死》是文学史上的名篇，好多不想活的人和想殉情的情侣专门跑到威尼斯来死，觉得这种死法浪漫得不得了。

罗马、佛罗伦萨和热那亚也很漂亮。走在热那亚的偏僻小街上，由于房屋开间特别高大，高大的山墙遮住了阳光，令人感到千百年前的阴冷气息扑面而来，一时幻觉之中，不知今日何世。

1 1986 年，王小波在莎士比亚故居前

2 1986 年，我在法国尼斯

在罗马，常常看到一群英姿飒爽的警察，腰间横挎着或肩上垂挎着冲锋枪在街上走，这种情形除了在电影上，在任何地方都没见过。

印象中，意大利的男人是最英俊的，在大街上随便碰到的一个人都像是百里挑一的演员坯子。不过也许这种审美只是东方人的眼光，在意大利人的眼中，也许东方人的单眼皮和细眉细眼更有异国情调，更美。这样说是有证据的。匹兹堡大学有一位中国人公认非常难看的女生，交了一个美国帅小伙男友，俩人天天手拉手在大街上徜徉，那小伙子很自然很享受的样子——他如果不是觉得他的女友美，至少也是不觉得她丑。关于东西方审美观的差异，有个欧·亨利小说一样的故事，是真事：有个西方英俊小伙交了个东方单眼皮女友，小伙觉得这姑娘很美，可是这姑娘总觉得自己的单眼皮不够美，一次小伙过生日，姑娘去拉了双眼皮想给小伙一个惊喜，作为生日礼物。结果小伙不但不觉惊喜，反而大受惊吓，痛心疾首地说：哎呀，我爱的就是你的单眼皮呀。

去罗马当然要去梵蒂冈，由于不许穿短裤进入，小波只好临时去买了条长裤才得以进入。那些穿着古代服饰的侍卫，令人产生了回到远古时代的错觉。那天我们正好赶上教皇演说，其实与其说是聆听讲演，不如说就是去看教皇。教堂里人挨人，塞得满满当当，根本下不去脚。我和小波勉勉强强挤在最后一排的椅子背上，椅子背太窄，小波一个不小心，往后仰去，幸亏人多拥挤，才没有摔着。难道是他见到教皇过于激动所致？他又不是基督徒，不该如此激动啊。

在著名的圣彼得大教堂里，发生了“神秘事件”：我好像说了句不敬神的话，手中提着的一个玻璃水果罐头无缘无故地裂开，汁水洒了一地，令我心中好不纳闷。想起山西农村人的说法：对神灵不可不信也不可全信。如果不信，实在无法解释此类神秘事件。当然，可以硬说，当时那个罐子已经有了裂纹，又不小心碰了一下，于是就……生活中当然会发生种种巧合。后来我们在去米兰的夜车上遇到了盗贼，被偷了照相机，所以意大利之行包括在梵蒂冈拍摄的照片全部丢失。这个应当不是什么神秘事件，因为意大利的小偷早就以作案手段高超闻名于世。我们的包包在睡梦中被打开，钱和照相机被拿走，然后包包又被原封不动地放好，以致我们很晚才发现被盗。去车站警察局报案也完全是有枣没枣打三竿，根本没抱破案的希望。

德国的海德堡给我们留下了最美好的记忆。那是一座安安静静、古色古香的小城，最令我们意外惊喜的是，在旅游问询处我们居然领到了中文的旅游地图，这在我们的欧洲之行里是独一份。因为在1986年，去欧洲的中国游客还很少见，我们所到之处总是被人问：你们是日本人吗？真是不胜其烦。现在好了，由于游览欧美的中国人大增，到处都可以领到中文导游图，也会常常听到顽童“中国人，中国人”的笑闹声了。

在海德堡我们参观了一个城堡的废墟，小波特别喜欢看废墟，就连匹兹堡河边被撂荒的普通房屋的废墟，也会令他流连忘返。我猜大概是他从废墟可以发思古之幽情，联想到那些曾经的人和事吧。废墟对一个小说家有自然而然的吸引力，不知不觉地把他们像磁铁吸引铁砂那样吸引过去。我们在小山上休息时，还偷偷在长条木椅上刻了字（不文明行为啊），约好将来老了再回来找找看，重温年轻时来过的这个美丽地方。可惜，小波没有等到旧地重游即驾鹤西去了，令人每念及此就不胜唏嘘。

回国·博士后

1988年，我们面临回国与否的抉择。我们从结婚起就自愿不育，一直是“二人世界”，所以我们面临的仅仅是两个人今后生活方式的选择，无需考虑其他因素。

这个选择并不容易，我们反复讨论，权衡利弊，以便做出理性的选择，免得后悔。当时考虑的几个主要方面是：

第一，我是搞社会学研究的，我真正关心和感兴趣的是中国社会，研究起来会有更大的乐趣。美国的社会并不能真正引起我的兴趣，硬要去研究它也不是不可以，但热情就低了许多。小波是写小说的，要用母语，而脱离开他所要描写的社会和文化，必定会有一种“拔根”的感觉，对写作产生难以预料的负面影响。

第二，我们两人对物质生活要求都不太高。如果比较中美的生活质量，美国当然要好得多，但是仅从吃穿住用的质量看，两边相差并不太大，最大的差别是文化娱乐方面。我们在美国有线电视每晚可以看两个电影，还可以到商店去租大量的录像带，而回国就丧失了这种娱乐。我们只好自我安慰道：娱乐的诱惑少些，可以多做些事，虽然是一种强制性的剥夺，也未尝不是好事。到后来有了互联网，这个牺牲被完全弥补，只要想看的影视作品，稍加努力即可获得。当然，这是后话。

第三，我们担心在美国要为生计奔忙，回国这个问题可以一劳永逸地解决。如果一个人要花精力在生计上，那就不能保证他一定能做他真正想做的事，也就是说，他就不是一个自由人。在中国，我们的相对社会地位会高于在美国，而最可宝贵的是，我们可以自由地随心所欲地做自己真正想做的事：这对于我来说就是搞社会学研究，对于小波来说就是写小说。除了这两件事，任何其他的工作都难免会为我们带来异化的感觉。

1990 年代，在小波母亲家中

回国后到小波离世的九年时间，我们从没有后悔当初的选择。在这段时间，除了我们俩合著的《他们的世界——中国男同性恋群落透视》之外，我陆续出版了《生育与中国村落文化》《中国女性的感情与性》等七八本专著和译著，小波则经历了他短暂生命中最丰盛的创作期。他不仅完成了他一生最重要的文学作品"时代三部曲"（《黄金时代》《白银时代》《青铜时代》），成为唯一一位两次获台湾《联合报》文学奖中篇小说大奖的内地作家，而且写出了大量的杂文随笔，以他独特的思维方式和写作风格，在中国文坛上独树一帜。他创作的电影剧本《东宫·西宫》获得了阿根廷国际电影节的最佳编剧奖，并成为1997年戛纳电影节入围作品，使小波成为在国际电影节上为中国拿到最佳编剧奖的第一人。

回国后最好的感觉当然还是回家的感觉。在美国，国家是人家的国家，文化是人家的文化，喜怒哀乐好像都和自己隔了一层。美国人当老大当惯了，对别的民族和别的国家难免缺乏兴趣。我在社会学系当助教的时候，有的美国大学生竟然能够问出"中国内地面积大还是台湾面积大"这样无知的问题，美国人对世界其他地方的冷漠和隔膜的程度令人咋舌。回国后，国家是自己的国家，文化是自己的文化，做起事来有种如鱼得水的感觉。在中国，有些事让人看了欢欣鼓舞，也有些事让人看了着急生气，但是无论是高兴还是着急都是由衷的，像自己的家事一样切近，没有了在国外隔靴搔痒的感觉。尤其是小波那些年间在报纸杂志上写的文章，有人看了击节赞赏，有人看了气急败坏，这种反应给一位作者带来的快乐是难以形容的。

小波是个有大智慧的人。他开过专栏的《三联生活周刊》的主编朱伟先生说，人们还远未认识到小波作品的文化意义。小波的文章中有一种传统写作中十分罕见的自由度，看了没有紧张感，反而有一种飞翔的感觉。他的反讽风格实在是大手笔，而且是从骨子里出来的，同他的个性、生活经历连在一起，不是别人想学就能学得来的。小波去世后，他开过专栏的《南方周末》收到很多读者来信，对不能再读到他的文章扼腕叹息。甚至有读者为最后看他一眼，从广州专程坐火车赶到北京，参加他的遗体告别仪式。看到有这么多朋友和知音真正喜欢他的作品，我想小波的在天之灵应当是快乐的。

我们最终选择了于 1988 年我获得博士学位后立即回国，这当中还有另一个偶然的原因：当时北京大学要设博士后流动站，而当年获得社会学博士学位又愿意回国的人并不多，于是他们就找到了我。当时，由于费孝通在北京大学，由他出面，北京大学才能够成立国内的第一个文科博士后流动站，而我有幸成为那里的第一个博士后。虽说我的导师就是费孝通本人，但是由于他牌子太大，工作太忙，我并不能经常接触到他，只有他到所里见研究生时，才得以顺便一见。

关于费老，印象比较深的有两件事。

有一次，费老到所里约见研究生时讲到，社会学要“出故事”。我当时正越来越偏向于定性研究，所以听得特别受用。记得他说，人生和社会就是一个大舞台，人们在这舞台上上演悲欢离合、死死生生的活剧，我们社会学就是要讲人们的故事。我理解费老的意思是说，社会学不应当只出统计数字，只搞大规模的定量调查，还要关注活生生的人间戏剧，要搞定性研究，这样才能出故事。

第二件事，是费老当年在美国芝加哥大学的朋友帕克的女儿丽莎来中国，费老让我帮他一个忙：把他的学生沈关宝的一篇博士论文翻译给她听。我还记得那篇博士论文中有一个细节，讲到“大跃进”的时候，农民为了积肥，要把“牵脚泥”——就是农村住房堂屋地下的泥——收集起来做肥料用。还有一个惊人的情节，就是当时人们积肥，怕人的粪便太生会伤庄稼，沤肥时间又来不及，就让各家各户用大锅把屎煮熟再上到地里。这个情节实在是太过匪夷所思，所以我翻译时，丽莎露出一副狐疑的表情，反复问了好几遍，担心是我翻译错了。我当时笑得几乎岔了气，回家把这个情节告诉小波，他也大笑不止，后来这个细节被他写进了小说《似水流年》，其中指名道姓，引经据典，原来出处就在这里。

我在北大做博士后的两年间，申报了婚姻家庭领域的十个小课题，包括青春期恋爱、婚前性行为规范、择偶标准、婚外恋、离婚、独身、自愿不育、同性恋等。

有几项调查，是使用一个北京市随机抽样样本做的。当时的抽样方法想起来真是有趣极了。我当时开了一封单位的介绍信，就直接到位于正义路的北京市公安局户籍科去了，提出用他们的北京市居民户籍卡抽样的要求。我猜想，这样的要求在他们来说肯定是第一次，也许迄今为止也是唯一的一次。那是在全北京所有十六岁以上公民每人一张的户口口卡上，直接按等距抽样的方法抽取的。一位年轻的科长负责接待，他正好是中国人民大学社会学专业的毕业生，对抽样方法有些了解。我心里暗暗庆幸。他还带我去看了口卡的陈列厅，那是一个硕大的大厅，里面摆满了一排排的口卡柜。我随便打开几个抽屉，发现光是叫“王红”的就占了好几个抽屉，得有几百位吧。当时心里暗想，给孩子起名字可千万不能起这样的啊。用这个随机抽样样本，我做了婚前性行为规范、夫妻关系、家庭暴力的调查。在做婚外恋的调查时，除了采用了这个随机抽样的样本，还辅以少量的深入访谈，用了定量和定性两种方法。想来，这样带着一纸介绍信就跑到公安局户籍科去抽样的做法，很可能是前无古人后无来者的孤例，因为那时国内还从未有过社会学的大型抽样调查，公安局无例可循，所以才答应了我的请求。

这些调查最后结集出版，书名为《中国人的性爱与婚姻》。当时还特意请导师费老题写了书名，可惜由于这本书进入套书，有统一的封面设计，竟没有用上。这本论文集 1991 年由河南人民出版社出版，在 2003 年由台湾专出教科书的五南图书出版公司以《性爱与婚姻》的书名重印，估计是作为大学的教辅书。因为书里所收文章全部按照美国社会科学论文的标准做法，由前言、文献综述、研究假设、研究结果及解释等几个部分组成，一丝不苟。虽然看上去像标准的学期论文，不像研究著作，但是在当时中国一般社会学研究论文尚缺少写作规范的情况下，可以算是规范化的一点儿尝试。后来，有一位东南亚某大学的教授来访，对我说："你这本书跟中国其他的学术书写法不一样。"我猜她的意思是，别人还是中国社会科学论文的传统写法，而我这个做法一看就是从国外社会学那里直接学过来的。

1987 年出版的《社会研究方法》是我的一本译著，是我在美国读书时本科生的社会学方法教科书。这本书被收入当时很有名的一套丛书——"走向未来"丛书。当时的图书出版业正盛行各种各样的丛书，大多是西方人文科学和社会科学的重要著作。

"社会研究方法"是我在美国学习时喜欢的课程。我在社会学研究这条路上跃跃欲试时，方法就是我的脚，没有脚路就没法走。小波是正经学过大学数学的人，他告诉我，他佩服的一位数学老师说过，十个学数学的人中只有一个人能学统计学，而十个学统计学的人中只有一个人能学懂统计学。可见统计学之难。对于我这个中学数学程度的学生来说，要想真正学懂统计学，当得李白的一句诗：蜀道难，难于上青天。我的办法只有一个，那就是保持"知其然不知其所以然"的状态。了解一些基本的概念之后，学会使用那些统计软件，并且学会如何解释统计软件做出的结果。

对于我的译笔，我还是比较有把握的。记得某次开会碰到一位素未谋面的大学老师，他对我说，这本书译得真好。我听了倒并没有特别沾沾自喜，因为当时译书的人好多根本不会英文，中文也一塌糊涂，所以别人说我译得好，很可能就是指：一，我确实看懂原文了；二，我的中文通顺。比起那些根本没有看懂原文和中文病句连篇的译文，也许我这样的就算好的了。因此，这本书的翻译和出版远远不能给我带来什么成就感。

在这个时期，我受邀进入了一些丛书的编委会。我非常喜欢参加丛书编委会的工作会议，因为那些编委都是国内社会科学各个专业中的权威人士，与他们交谈不时有思想火花的撞击。我还交到了一些朋友，比如研究社会哲学的苏国勋、研究法国文学的杜小真等，大家欢聚一堂，共同为中国社会科学的发展尽绵薄之力。

此外，我还翻译了另一本书《性社会学》，它的原名是《人类性行为》，作者约翰·盖格农是一位著名的性学家，以创立“性脚本理论”闻名于世。当年我在匹兹堡大学读书时，这本书是本科生性社会学课程的教科书。我之所以翻译这本书，有两个原因，一个是趁机熟悉一下性社会学的内容，另一个是想用在我开设的性社会学课上，做课本。结果书翻译出来了，课却没有开成。据说系里把这门课报到学校，可是并没有批准。由此可见性社会学在当时中国遭遇的困境和面临的边缘处境。在西方，性社会学早已是显学，可是在中国，它还是难登大雅。以思想自由著称的北京大学尚且如此，遑论其他学校。由此可以了解当时的社会氛围，以及涉性研究领域中的保守和压抑气氛。

他们的世界

同性恋研究·他们的世界

同性恋现象，是在人类历史上、在各个文化当中普遍存在的一种基本行为模式，无论是在高度发达的工业社会，还是在茹毛饮血的原始部落，无论是在二十一世纪的今天，还是在远古时代。在许多未开化与半开化的民族中，同性恋是一个彰明昭著的现象；有时它在当地的文化中，甚至占据着优越的地位，同性恋者因其特异性而受到人们的尊敬和仰慕。

我的同性恋研究的一个重点，是他们的感情生活。同性恋者在感情与性问题上的行为模式分为三类：一类是感情接触，一类是性接触，还有一类是感情与性的双重接触。调查发现，在那些真正发生了感情的同性关系中，同性恋的感情生活与异性恋的爱情相比，无论从形式、内容还是从热烈真挚程度上看，都十分相像，唯一的区别只是恋爱对象的性别是否为同性。

尽管在许多方面，同性恋与异性恋有相似之处，但二者也有许多不同，表现在以下几个方面：首先，具有感情色彩的关系，在男同性恋的全部关系中所占比例甚小，至少在那些常到社会上走动的人们当中是如此。其次，固定的同性恋对象总是不能长久。已知长不过三五年，短不过一两次会面。第三，同性恋爱中，忌妒心的重要性比在异性恋爱中要低，独占心理往往不像在异性恋爱中显得那么天经地义、理直气壮。第四，由于同性恋爱一不可能组织家庭，二不可能生育子嗣，其动机与异性恋爱相比，显出一种更加纯粹、以追求快乐为目的的性质。

同性恋研究当然不能忽视他们的性生活。同性恋的性观念与异性恋的性观念有很大区别，主要在于，前者必然是而且只能是以娱乐为其目的的；而后者却在娱乐的目的之外，还有生育目的。同性恋与异性恋在性行为方式上大致相同，只有一点儿例外：同性恋没有阴茎阴道交。因此，确定某一行为是不是同性恋行为，其标准不应当是性行为的方式，而只能是性对象是否同性。这一论点之所以极为重要，是因为曾经有人认为，口交肛交一类性行为方式是同性恋特有的，而事实并非如此，上述性行为方式在异性恋中也存在。

同性恋者的性行为方式包括接吻、抚摸、相互手淫、口交和肛交，偶尔采用人造阴茎和振荡器，还有极少情况下有拳对肛门交。美国的一项调查将同性性行为与异性性行为做了比较分析，口对男性生殖器行为在同性恋中占17%，在异性恋中占5%；这种行为方式是男同性恋者最常使用的达到快感的性方式。很多同性恋男子间的性接触并不包括阴茎的插入，而是依靠爱抚、相互手淫、夹股性交、生殖器摩擦、口刺激阴茎、相互用口刺激阴部

(俚语中的69式，因双方姿势而得名)，以及的确涉及阴茎插入的肛门性交。

我们此次调查问卷的数据与上述描述大体相符。调查对象的性行为方式中，以抚摸为最常见，接吻占第二位，相互手淫也比较常见，口交就少多了，肛交更少。在“从未肛交过”“不经常肛交”“经常肛交”这三项描述中，较多人属于“从未肛交过”；较少人“不经常肛交”；填写“经常肛交”的人数所占比例最少。考虑到中国同性恋者对适用范围不十分清楚的鸡奸罪的恐惧心理，承认有过肛交经历的人数可能会低于实际数字。

中国同性恋的一个本地特色是他们的婚姻生活——中国的同性恋者面临与异性结婚的压力特别大，他们当中有一个不小的比例确实进入了异性婚姻。甚至可以说，中国的男同性恋者与他们的西方同类的最大区别就在结婚的问题上：在西方只有约五分之一的男同性恋者是已婚者(女同性恋者当中的已婚者占三分之一)；而在我们的调查对象中，有的已经结了婚，有的正准备结婚，真正准备终身过独身生活的只是极少数。造成这一区别的最主要原因是文化规范的压力——中国文化特别看重婚姻和家庭价值，特别强调传宗接代，因此在“人人都要结婚”这一行为规范上特别的整齐划一。

同性恋者的婚姻质量比起一般人的婚姻，有着严重的先天不足，但这种婚姻的具体状况，会因为当事人同性恋倾向的强烈和绝对程度，以及个人性格的差异而有很大的不同。总的来说，男同性恋者处理婚姻关系的做法可以概括为以下三种模式。第一种模式是，男同性恋者将对妻子的反感压抑下去，并抱着对妻子的负疚感，恪尽做丈夫的义务和职责。第二种模式，是选择性冷淡的女性做妻子，或在婚后把妻子培养和改造成为能够适应自己状况的人。第三种模式即从冷战走向离婚。

于是，在中国，男同性恋者的妻子们就成了一个值得关注的人群：她们是谁？她们怎样同丈夫相处？她们是否了解丈夫的性倾向？如果了解，她们是如何对待的？男同性恋者又应当怎样认识自己同女人结婚这件事？

几年前，我在网上见到一个“同妻”（男同性恋者的妻子）数量，是1600万，其依据是：中国的男同性恋者是2000万，其中与异性结婚的占80%，就此得出1600万的估计值。这个估计值与实际情况有相当大的距离。那么同妻的实际数量是多少呢？可以参照以下四组数据来估计：

第一组：男同性恋数据。假定中国目前有近14亿人口，男性约7亿。按照男同性恋在男性人口中占4%（参见金赛《金赛报告——人类男性性行为》）的比例，男同性恋者与潜在的男同性恋者约为2800万。只计入适婚年龄组约为2000万。

第二组：男同性恋结婚状况数据。根据2011年的一项调查，男同性恋者当中的已婚者占23.0%（460万）；有结婚意愿者占26.5%（530万）；无结婚意愿者占50.5%（1010万）。

第三组：性少数群体婚姻构成数据。根据联合国2016年发布的《中国性少数群体生存状况》报告，在已婚的性少数群体成员当中，与异性配偶结婚的占84.1%；形式婚姻占13.2%；在国外登记同性婚姻的占 2.6%。

根据以上三组数据计算，当前我国同妻数量约为 387 万（20000000 × 0.23 × 0.841=3868600）。

第四组：分年龄组性少数结婚率。六零后及之前：53.4%；七零后：42.7%；八零后：13.5%；九零后：0.6%。从这组数据可以看出性少数人群进入异性婚姻的概率越来越低，由此可以推断，同妻问题的发生率会越来越低。

尽管同妻的数量远不如当初想象的那么多，但是她们的处境仍旧堪忧，是一个值得关注的社会问题。与此同时，估计有同等数量的男性由于妻子的性倾向也遇到了类似的问题，这就使得性少数人群的婚姻问题，变成了同妻和同夫的双重问题。如果不妥善加以解决，将导致双重的不幸婚姻。我衷心希望，性少数人群能够尽早摆脱这一不幸，而且社会能够从源头避免这一不幸，使得同性恋者和异性恋者一样，都能建立幸福的婚姻关系。

调查中还涉及了男同性恋者的社会交往。目前在不少西方国家，这些交往大多在专门的同性恋酒吧、舞厅、浴池中进行；在缺乏此类设施的中小城市，就在公厕、街道和公园中进行。我国目前还没有公开的同性恋酒吧和浴池。近年来，在一些大城市出现了秘密提供此类服务的酒吧，在一些酒吧和歌舞厅有同性恋者的非定期聚会，例如北京某舞厅的周末场，南方某市某舞厅的周末舞会的晚场第二场等。

同性恋的社会交往活动有多种社会功能，首要的功能当然是提供同性恋伴侣。这些伴侣多半是一次性的，但也不排除通过这种途径结交的陌生人，会在日后演变成长期固定伴侣的可能性。第二个功能是传播和交流信息，消除孤独感，感受群体气氛。第三，同性恋的社会交往活动还有“学习”的功能。有些同性恋者是从社会上学习同性恋的。第四，同性恋者的社交活动还有纯粹的娱乐功能。最后，不少同性恋者还在个人生活、学业、生意、就业等方面互相帮忙，表现出一种兄弟情谊。

在这本书中，我回顾了同性恋法律地位的变迁。对同性恋的评判包括以下四个层次：(1) 法律评判：它是否犯罪；(2) 宗教评判：它是否道德；(3) 医学评判：它是否疾病；(4) 社会评判：它是否异常。世界各国在对待同性恋的认知问题上经历了三大转变：第一个转变是非罪化转变，同性恋在人们心目中从宗教意义上的罪人和法律上的罪犯改变为病人，这一转变被认为是一个人道主义的转变，因为这样他们就从应当诅咒和镇压的对象，变成需要帮助和理解的对象了。如果同性恋倾向是遗传疾病，那么有这种取向的人就不能被谴责为具有邪恶的不道德的或有罪的习惯了。

后来又发生了第二次转变即非病理化转变：从以同性恋为身体或心灵的病态，转变为认为它不是疾病，而不过是一种异于常人的违反社会行为规范的个人倾向。在现代，由于同性恋解放运动的影响，同性恋者在许多国家获得了合法地位，人们对同性恋的态度又发生了第三个转变，变得更加宽容，认为它只不过是一种与众不同的生活方式而已，同性恋作为一种性取向不仅是正常的，而且是自然的。

视同性恋为社会上一个少数群体的生活方式，这不仅是一些同性恋者对自己生活的看法，也是当今社会中相当大一个比例的异性恋者可以接受的观点。从迫害异端，到蔑视少数派，到能够容忍游离于主流文化之外的亚文化，人类社会就是这样一步步走向进步，走向文明。中国这个古老的文化也正在卷入这个潮流之中，逐步走向宽容，走向文明。

做同性恋研究，线索的获得是最困难的一件事。因为他们在人群中所占比例较小，也因为他们不愿意暴露身份。而我是比较幸运的。在我的单身研究中，竟意外地碰到了一个同性恋者。当时单身人士在人群中也是少数，用随机抽样样本很难找到他们，于是，我在《北京晚报》上登了广告，征集参加研究的志愿者。在我的单身调查对象当中，有一位三十岁上下的男士，在我问到他保持单身的原因时，他一一否认了众多普通的原因。后来他说："你是国外留学回来的，看上去也不像坏人，我就告诉你我独身的真正原因吧——我是一个同性恋。"就这样，我得到了我的第一个同性恋个案。后来，他介绍了朋友、朋友的朋友，就这样越滚越大，最后达到一百二十人的规模。社会学中有一种调查方法，叫作"滚雪球"，就是这样做的。所以，我的同性恋研究从社会学研究的方法上看是无可挑剔的。

调查的过程非常有趣，使人对原本可能枯燥乏味的调查工作感到兴致盎然。通过朋友介绍，我找到了一位男同性恋者，因为他的长相酷似当时一部日本电影中三浦友和饰演的光夫，"光夫"就成了他的外号。我跟他谈话次数太多，时间太长，后来竟然成了私人朋友。有时会通个电话，一起吃顿饭，聊聊天。他后来跟一个挺漂亮的女孩结了婚，还把他俩的结婚照拿来给我看。这个女孩就属于后来引起广泛社会关注的所谓“同妻”了，可是她并没有受骗，“光夫”在婚前向她坦白了他的性倾向。那么他为什么一定要跟女人结婚呢？我问了“光夫”这个问题，他说：不结婚对不起父母啊，我们家就我一个男孩，还指着我传宗接代呢。“光夫”的家庭属于普通的工薪阶层，他的这种选择及其动机具有相当的代表性。

当然，有些同性恋跟异性结婚的动机仅仅是迫于家庭压力，也有点儿想隐瞒自己性倾向的意思，这样的人不会告诉妻子自己的真实性倾向。而“光夫”不是这样，他的结婚动机更多来自中国的家本位价值观：家庭的繁衍比个人的快乐重要。我又问“光夫”，既然你坦白交代了，那女孩怎么还能接受你呢？他笑笑说：我很顾家呀，不少她吃不少她花，她还要什么呢？我又问：那她管不管你跟别人玩儿呀？他说：她不管我。

“光夫”这个人非常有意思。他给我看了一个巴掌大的小本本，上面密密麻麻记满了他每次做爱的时间地点。他为什么要这么做呢？我隐隐感到，他好像是把它当作一种冒险的记录或者功劳簿，因为那个时候这种同性性活动是为社会所不容的，有点儿冒险犯难的感觉。他听说我在写书，有一次竟然很天真烂漫地提出：能不能单为我写一本？小波当时正好受张元之邀，要写一个同性恋题材的电影剧本（就是后来的《东宫·西宫》），正在找这些同性恋长谈找感觉，每个人都谈很多次，每次很长时间。有一回，小波跟“光夫”谈得太投入，一看过了末班车时间了，只好让“光夫”留宿。那时候我们住的是北大为博士后提供的“一间半”宿舍，所谓“一间半”就是有一间约二十平米的房间，旁边有一个仅能放下一张双人床的四五平米的小屋。那晚上，为了给“光夫”腾地方，我出去借宿，把小波和“光夫”留在我们的一间半里面。因为我是女的，小波是男的，所以做这样的安排，但是“光夫”其实是喜欢男人的，所以这样安排反倒不大对头。反正第二天小波告诉我，一夜没睡踏实。对于一个异性恋男人来说，跟同性恋男人同居一室，那感觉恐怕就像跟个异性恋女人同居一室吧。

做男同性恋研究虽然是我的课题，以我为主，但是小波帮了不少忙，主要是有些特别年轻的男同性恋（比如高中生）跟女性接触有心理障碍，这时就由小波去访谈了。另外他还去公共场所拍摄过厕所文学。后来有一个传闻说我为了搞男同性恋调查曾经女扮男装去男厕所云云，完全是无稽之谈。而真正去了男厕所的倒是王小波。

他是由我们的“线人”（开个玩笑，就是成了朋友的同性恋者）带着去的，经历了一个令他很失落的情形，他回来告诉我：刚一进去，每个隔间都探出一个头来，后来又全都缩回去了。他问那个“线人”：这是怎么回事？“线人”说：没看上你呗。小波的长相确实不算英俊，但是他其实是男子气十足的，应当是男同性恋者喜欢的类型。我们的这位“线人”就特别喜欢他。有一次，有个杂志社的女编辑跟我说：我见到这人，他怎么三句话不离王小波呀，看样子他是喜欢上他了。

小波不但帮我做了一点儿访谈，而且还写了几个个案，当时，他还基本上没有什么机会发表小说和文章，而他是那么一个写作高手，难免技痒。而由于他的文学功底远高于我，所以写出来的东西非常好看。以至有熟悉我们写作风格的朋友看了书之后说：我都能看出来哪段是小波写的。比如后来变得脍炙人口的关于大嘴巴和小嘴巴的那段，就是出自王小波的手笔：

再说小C跟A去了上海。果不出A所料。小C在上海没有别的事。他是纯粹为A去的。A在上海跑业务，经常待在饭店里，更经常待在房间里。如前所述，他们俩有过很多快乐时光，后来小C给A写信，说到他再也不能到公共浴室洗澡。他一看见水从喷头流出来，就想到两人在上海时在喷头下做爱的情景。想到那些，他身体就有反应。除了做爱，他们俩经常在争论。小C说，他们俩应该永远在一起。A说，这不可能，因为大家将来都要结婚，为社会尽义务。如果结了婚还干这样的事，起码是对妻子不忠。小C说，将来大家不一定要结婚，可以永远做单身汉。他们俩在上海的情形就是这样。

小C对A海誓山盟，可是他们俩也就好了两个星期左右。他们从上海回家，火车离北京越近，小C话越少。最后在车到丰台时，小C说：我想我还是该说实话。原来他已经结了婚，孩子都四岁了。A大怒，打了他两个大嘴巴，小C哭了。

我对这一点儿不大相信，就是霍元甲打我两个大嘴巴，我也非和霍老师拼了不可。所以我要求A认真回忆一下，是不是打了两个大嘴巴。也许是两个小嘴巴，或是一个大嘴巴。A说，就是打了两个大嘴巴。

火车上别的人看了也觉得不像话，可火车上两个小伙子打架谁敢管。好在过了十分钟就下车了，没有闹出更多的事来。我问A，可曾要求小C解释。A说，还要求解释个屁，撒谎跟说真的一样，孩子都四岁了，还说没结婚！他倒是自己解释了，说在上海时根本忘了自己已经结婚，到了丰台才想起来。鬼才信他。后来小C无限追悔地说，我干嘛要告诉你我结婚了。他写信给A，说他把老婆孩子都打发回娘家了，叫A来家。A不敢相信有这样的事，抽冷子去了一次，果不其然，家里就是小C一个人。小C说，家里一直就是这样。不知他用什么办法把老婆骗走的。

据我们所知，同性恋骗老婆，花招极多。但是未经本人同意，不能披露这些花招，以免引起家庭纠纷。其中比较常见的一种说法是，本人在练气功，不近女色。因为真练气功戒女色的人不少，所以披露这一条问题不大。我们的朋友Y本人不结婚，但这些事知道得很多。他说，同性恋的妻子最可怜。

调查过程中还遇到一位非常有趣的人，他已经七十多岁了，个子不高，精神矍铄，活得兴致勃勃。他告诉我他经常去游泳，而且还有相当频繁的性生活。他的恋爱故事中最为有趣的是，他自己身材瘦小，却偏爱胖大的男人，美国篮球名将奥尼尔是他心中的偶像。他在一个文化单位工作，从十八岁起就暗恋上一位在单位伙房烧锅炉的工友，那人就是一个胖大的男人。但是他一直压抑着他的情欲，天天规规矩矩地上班下班，结婚生子，直到六十岁退休才向那个男人表明心迹，这是一生的爱恋呵。他感慨地对我说：我真正的生活是从六十岁才开始的。后来当我面临退休的时候，常常引用他这句名言来自我勉励。我在他家访问的时候，谈到半截儿有人敲门，正是那位锅炉工，他们现在是很好的朋友。我问起他的婚姻生活，他神色淡然：没什么好说的。他老婆对于家里来来往往的男人从没注意过，只有来了女同事她才会紧张一下，因为她根本不知道男人之间能发生什么事。那性生活怎么办呢？他微微一笑说：我喜欢我家小舅子，他特别英俊，跟爱人做事的时候就把小舅子的照片摆床头柜上，心里想的不是她，是他。

这项研究成果的出版本来是北京出版社约稿的，但是成书之后，他们又说这个问题太过敏感，不敢出版了。于是我们找到香港天地图书公司出了第一版，书名为《他们的世界——中国男同性恋群落透视》。次年，才又在外地的一个出版社出版了本土的版本。在书出版后，接到大量的电话和信件，有许多同性恋者约谈，于是在1998年又出版了这本书的增补本，篇幅增加了一倍，书名改为《同性恋亚文化》。这本书首印六万册，很快销售一空，后来又由不同的出版社一版再版。它是我的研究生涯中最重要的一部著作。

《同性恋亚文化》

称同性恋者为“他们”本来并无贬义，尤其说“他们的世界”，从中文的字意和韵味听上去还挺有诗意的。无独有偶，某年一位女摄影家拍摄了一批同性恋者的形象，准备结集出版，她给她的摄影集也起名为“他们的世界”。我想，中文读者大多会从“看，他们有自己的一个与众不同的世界”这样的意义上去理解，读中文的同性恋者们也不会从这个提法联想到受排斥或者不被尊重的感觉。

然而，有一位西方的同性恋者对“他们的世界”这一提法却颇有微词，他认为，这是把同性恋者排斥在主流文化之外的称呼，好像异性恋者才是“我们”，而同性恋者是“他们”（the other）。在这里，他所理解的“他们”是“他者”和“另类”，不是简单的“他们”。从中文的文义看，前者有贬低的意味，而后者却没有；前者有等级之分（“我们”属于高的等级，“另类”属于低的等级），后者却是平等的（我们和他们没有高低之分）。他的反应一方面源于西方人对中文的隔膜，另一方面也来自西方同性恋运动为同性恋者赋权之后所带来的权利意识和平等意识，以及伴随而来的对于歧视的过度敏感和警觉。

由于做同性恋研究，我有一种“亲历历史”（希拉里一本书的书名）的感觉，亲历了中国同性恋进入社会视野，处境改善的历史。早在世纪初年，我参加了湖南卫视一个叫作《走近同性恋》的访谈节目，嘉宾除我之外还有崔子恩（电影人，几乎是中国首位出柜的男同性恋者）和石头（画家，几乎是中国首位出柜的女同性恋者），主持人是马季的儿子马东。节目首播之后，复播就被叫停了，听说栏目组还受到惩戒。而今，不但是平面媒体有关于同性恋群体的正面报道，电视上也能见到对这一问题的研讨和报道了。

有一次，崔子恩邀请我为他主办的同性恋文化节致开幕词，待我兴致勃勃赶到现场（三里屯一家同性恋酒吧）时，发现警察比参会人还多。警察取缔活动的理由不是反对同性恋，而是该酒吧有安全隐患。在我看来，政府对同性恋的联谊活动大可不必如此紧张，如临大敌。他们只不过在性倾向上与众不同而已，跟普通人没什么大区别，绝非青面獠牙的怪兽，也不会伤害他人。说到底，一个人想爱男人还是想爱女人是多大个事儿呢？为什么要如此紧张兮兮、兴师动众呢？

后来，这种事又让我赶上一回——我怎么就这么倒霉呢？那次是男同性恋的“彩虹先生”选美活动，彩虹是同性恋的标志，寓意在于人生是多彩的，人性是多元的，就像彩虹一样，红橙黄绿青蓝紫，不是单色的。在旧金山卡斯楚街上漫步，经常可以看到一座座住宅大门上挂一面彩虹旗，表明此处居住着同性恋者。在社区广场上也见到一根很高的旗杆，上面飘扬着一面巨型彩虹旗。这次选美活动筹备了很长时间，还请到了北美的“彩虹先生”

前来助兴。没想到就在开幕前15分钟，该活动被叫停，弄得大家乘兴而来败兴而归。这又何必呢？

现在，同性恋的处境改善多了，社会歧视少了很多。有次去做一个电视访谈节目，上场前跟节目制片人聊了两句，他说了一句话把我逗乐了。他说：现在不是同性恋都快入不了我们这一行了。这种说法当然是过于夸张了，但是它的确反映出同性恋正在成为一种时尚。在时尚化妆业这种风气尤盛。究其原因，可能来源于同性恋对色彩、时尚、风格之类的东西有常人不逮之优异之处。许多时尚类杂志的采编、摄影尽皆同性恋者。一位给我拍照的杂志摄影师对我说：我的摄影同事全是同性恋，就我一个异性恋，你说我该怎么办呢？我听了他的哀怨，不禁莞尔。世界上最著名的服装设计师有一个算一个尽皆同性恋，记得有次在日本召开的世界服装设计师大会还为此闹了点儿风波，好像是日本拒绝同性恋入境之类的事，结果闹到会都开不成的程度。化妆师也是同性恋扎堆儿的行业，我听到一个很有趣的解释：许多女明星都爱用男同性恋化妆师，因为她们需要频繁换装，如果是个异性恋男人老戳在那里就很不方便，带个男同性恋就方便多了，因为他不但化妆技艺高超，而且根本不会骚扰她，连这种念头都不会有，她很安全。

二十一世纪初年，从日本传来一个新词：耽美。一开始就是一群动漫爱好者喜欢看男同性恋美少年的恋情，后来渐渐聚集成一个小小的爱好群，称“腐女”。腐女在日文中是“不可救药的女人”之意，暗指她们不可救药地宅在家里，不可救药地陷入对男同性恋恋情的痴迷。这种爱好渐渐在中国大学女生中蔓延开来，她们不仅欣赏，有些竟开始投入耽美文学的写作。这个现象的确引起人们的好奇：一群异性恋少女，为什么会沉迷于男同性恋的恋情呢？对此事有多重解释和猜测：首先，这群少女都处于情窦初开的年龄，她们的兴趣指向漂亮的男生，但是并未指向异性恋之间的性活动。因此男同性恋之间的恋情正好提供了最适合的迷恋对象：他们是漂亮帅气的男生，但是不是女孩的性对象。其次，少女对自己的魅力尚未建立自信——她们也没到达吸引男人的岁数——万一陷入爱情又不被接受是十分尴尬的事，而同性恋少年不会受到自己的吸引不是因为自己不够好、不够美丽、不够性感，而是因为他们原本就只受男孩吸引，于是心理处于脆弱年龄的女孩可以释怀。此外，调查表明，腐女大都来自家教保守的家庭，不会与男性发生随意的性行为，男同性恋的恋情遂成为宣泄渠道。耽美文学和腐女现象有利于异性恋人群对同性恋的接纳和理解，与此同时并不会改变腐女的性取向，她们成为成熟的女性之后，还是会去找异性恋男人建立亲密关系，生儿育女。

2007年，我又做了一项公众对同性恋态度的调查。本次调查发现，在对待同性恋的态度上，接纳程度还不太高，但是显示出有中国文化底蕴的中庸态度。完全接纳和坚决反对的人都比较少，大多数人处于中间状态。在我国社会中，同性恋者的可见度还是比较低的。对于同性恋者的一般权利，大多数人都持接受态度，认为应当允许同性恋题材影视作品播放的人达到五成半；可以与同性恋者做朋友的达到六成；拥有同性恋与异性恋人格平等这一理念的达到八成半；赞成同性恋的平等就业机会的人更高达九成以上。然而，在保证同性恋基本权利之上提出的进一步要求,则认同的人比例还比较低。如同性恋者做教师的权利，支持的人只有四成；同性婚姻立法的支持者不足三成。网上调查的结果远远高于一般社会人群的比例，支持同性婚姻的高达六至八成，这一调查结果与网民的年龄（偏年轻）和教育程度（偏高）有关。相信随着时间的推移，全社会对同性恋的接纳程度会越来越高。

在我看来，造成目前中国社会对同性恋宽容态度的历史和文化的原因大致有以下几种：第一，中国人大多没有宗教信仰，往往凭世俗的平常心和直觉来评价人与事，人们认为，同性恋既然不会伤害他人，就与他人无关，因此不会对同性恋有太严酷的看法；第二，中国文化强调生育价值，由于同性恋活动不会导致生育，所以容易被人忽视，不以为是什么严重的罪行；第三，这种态度也许同中国人的民族性格有关：中国文化源远流长，根深蒂固，因此中国人对自己的文化从来很有信心，从不担心被异己的文化所同化。人们对于与自己不同的文化往往采取不屑一顾的态度，而不至于残酷迫害它。

如果我们能够对这些历史遗产和文化传统善加利用，不仅可以改善中国的人权形象，而且可以为世界其他国家和人民做出妥善处理亚文化与主流文化关系的榜样，使我们中国在这个问题上捷足先登，而不必在所有的事情上都跟在先进国家的后面，像个小学生。在这个方面，我们的确可以做别人的老师和先进，为什么不做呢？福柯早就把中国的性文化与古希腊、古埃及、古日本相提并论，认为我们有西方所没有的长处，我们为什么不当仁不让，对此善加利用呢？

农村调查·生育

1992年，我离开了北大，回到中国社会科学院，只是不再是原来供职的马列所而是社会学所。离开北大的主要原因是，我不喜欢教书，觉得教书总是要把一套话反复说很多遍，而重复是最不符合我的天性的，我受不了这样的枯燥事情。从那一年一直在社会学所工作到退休，整整二十年。这二十年是我生命中研究和出版的活跃期。

《生育与中国村落文化》写于二十世纪九十年代初，是我学术生涯中最主要的著作之一。该书以我国南方与北方各一个村庄中所搜集到的资料以及城市中自愿不育者的调查为依据，比较了生活在不同生活环境中的人们在生育观念上的巨大差异，并探讨了这种差异的理论意义。

这次调查有两个村庄，一个是浙江余姚的一个单姓村，一个是山西沁县我插队的一个多姓村，离姑姑家三里地，姑姑的一个女儿嫁在那个村，她的孩子们叫我小姨。在浙江那个村子，方言完全听不懂，全靠我的一个学生翻译，他家就是那个村子的。到了山西就好了，我虽然不会说沁县话，但听是没问题的。沁县话不难懂，只是个别字发音跟普通话差很远，比如，驴子、梨子、儿子这三个词发音完全一样，听上去都是“儿子”。村民说话非常生动，喜欢用双重音，比如白生生、黑乌乌、绿莹莹之类的，听上去既天真，又古朴。

在余姚的村庄里，我见到一位老人，他终身未婚，没有孩子，一个人在远离大家的村边小屋里看守果园。大家都觉得他人生极为失败，是一个值得怜悯的可怜人。老人身上所承受的压力和非议甚至包括同情，都是中国家庭本位文化的真实写照，在西方那样的个人本位文化氛围当中，单身人绝不可怜，单身生活也绝不可怜，只不过是一种很正常而且常常是很快乐的生活方式，一点儿压力和非议都不会遭受。北欧各国单身人群占人口 50%，在美国、法国也都从三四成增加到超过人口半数，就连东方国家日本也已经占到 40% 了。他们能有什么压力呢？可是在中国就不行。无论你自己活得多么高兴，周围人都觉得你的人生是失败的，那滋味还是不好受。家庭价值在中国相当于西方宗教信仰的价值，家庭的繁衍也在实际上承载了人生意义和生存价值的宗教功能，所以在中国的社会生活中，这位老人就不仅仅是一个人生的失败者，而且是一位异教徒，一位离经叛道者。他承受的压力得有多么大呢。

那个时期，浙江农村已经开始变得富裕起来，家家户户都盖起了两层的小砖楼，按城市的标准那就是独栋别墅了。可是农民盖房除了讲究风水，什么青龙白虎之类的，别的并不讲究，所以只是实用结实却没有美学考虑。就连实用标准也很简陋，比如村里当时还很少有安装抽水马桶的，没有上下水，也不愿意让粪便（很好的有机肥）白白流走，所以家家户户在房后都有一个储粪池，为了往地里挑粪方便，也不会加盖，这样就只能露天了，感观和味道都没法改善，这是农村和城市的一个大区别。从古代起，高度文明的社会都是非常注重排水系统的，巴黎的下水道有一人多高，工程堪比地下长城，道理就在这里。

相比之下，山西农村改变极少，从我插队时算起，已经过了近二十年，村子里看不出有什么大变化。在村里见到一个单身女人，衣衫褴褛，把猪养在家里，跟猪生活在一起。虽然在村里这种活法也让一般村民不齿，但是毕竟有人选择了这样的活法。想起以前听到一个西方“反华”言论，说中国字“家”就是屋顶下一只猪，中国人就是跟猪生活在一起的，觉得非常气愤，难道中国人在西方人眼中就是如此肮脏不体面？可是当我在村里面对这种说法的活证据时，只能是哑口无言，心中的愤怒变成了惭愧。

在为这部讨论生育文化的专著作总结的时候，我想说的是：尽管人类学主张破除文化中心主义，我感觉研究者最能理解的还是自己生长的文化环境。在现代社会里，很多人都能讲点儿外语，但讲得最好的依然是母语。我自己所处的文化环境与城市自愿不育者的文化环境是同一个，故而要理解村落文化，还有一些困难。但不管怎么说，这个文化差异还是比较容易克服的。直到现在，沁县南山头的人依然把我当作熟人。而在浙江南阳村，我的研究助手陈俊杰也是一个村里人。有了这些有利条件，很容易就发现生育本身就是村民们价值观的一个支柱，不仅是发自内心的信仰，还是评价别人的准绳。故而生育的动力，在村落里是一种群体力量，而制约生育的力量也是在村落一级起作用。老一辈的社会学家曾论述过中国人以生育为核心的价值观，但没有这样具体。这算是我的一点儿发现吧。

在目前的世界上，的确存在着越富的人越少生，越穷的人越要多生的现象。在中国也有这种现象。我认为除了社会、经济诸多因素的作用外，文化的差异也在起作用。家庭本位的文化关心家庭的繁衍扩大，必然要多生；个人本位的文化关心自身的快乐，必然要少生。而国际通用的社会经济指标，却是以个人为单位计算的，比如人均 GNP（国民生产总值）、千人拥有医师数，等等。国家实行计划生育的一个重要原因是想提高人均 GNP，亦即在总体意义上提高个人生活水平。在家本位文化下的人不会这样想问题。他们考虑的是尽早把尽量多的儿子拉扯大，娶媳妇结了婚，再生孙子，为此不惜受苦，牺牲个人的生活水平。政府的方向和农民在这里相逆，故而有了强制性的计划生育。很多矛盾、争执、抱怨和痛苦就由此而生。在发达国家，个人享有更多财富的欲望造成了生育率的降低和人均 GNP 的提高；而在我们这里，却像是国家在替个人拿主意却不落好一样。

因为计划生育在农村是带有强制性的，所以这一点儿在国际上很受人指责，我们也深以此为羞。我想外国人并不能理解中国农民的生育欲望是如此的一致，如此的强烈，以致在富裕的地方成了一种自虐，在贫困地方成了一种自毁。每个农民都不关注今生今世，只想要大量的后世儿孙。假如他们所指望的后世儿孙都来到了世界上，则普天下没有一种力量能保障那些人的生存。我以为政府实行计划生育，起码对现在活着的中国人是负责的。因为世界上任何政府都应该制止它治下的人民自残自毁。

中国已有了相当富裕的农村和相当富裕的农民，但他们依然要把钱花在我们看来无意义的地方，如非生儿子不可。这说明在村落这种环境下，富裕本身不能产生新的生活方式，只是在城市里，富裕才意味着个人享受更好的生活。几千年来，中国一直是个农业社会，近代以来，工业和城市虽有发展，但农民仍占人口的六成。如果要在控制中国人口和改变国人生育观念上提出一个最终的解决办法，那就是在未来的数十或数百年间，将城市人口从目前的四成增加到八成、九成，换言之，使更多的人脱离村落文化的环境，进入都市文化之中。舍此之外，别无他途。这就是由这项研究所得的结论。

近年来，随着计划生育放开二胎，国人意外地发现，我们的生育文化已经实实在在地发生了变化，这变化被我写进了我的论文式小说《莫名国》里，成为其中的一节：

> 莫名国里倒也不是所有的事情都莫名其妙的，有些事会出人意料地给人一个惊喜，或者给人一个惊吓。比如说生孩子这件事。
>
> 早先莫名国是个农业国，生育文化完全是按照乡土社

会的逻辑，所有的人都是能生多少生多少的，一个妇女从青春期开始一直生到更年期才能歇下来，生十多个孩子的大有人在。如果没有达到这个指标，那人们一定会认为她有病，不是身体有病，就是脑袋有病。所谓身体有病，说的是不育症；所谓脑袋有病，是说不知道她是怎么想的，居然不爱生孩子。一开始，生不出孩子，全是怪女人，后来科学昌明了些，知道要是生不出孩子，有时候不是女人有毛病，而是男人有毛病。男人的毛病当然也包含身体和脑袋两种，身体有病的就是不育症喽，精子稀少症、阳痿早泄，等等，脑袋有毛病的依然指的是这人居然不愿意多生孩子，不知道是迷了哪一窍。

后来莫名国由于所有人全都生，生，生，眼见得成了世界第一人口大国，觉得打眼一看哪儿哪儿都是人，一些社会精英就喊出了节制生育的口号，把它当成提升人均产值的一个措施：增加产值是加法，减少人口是减法。二者叠加，人均产值的数字可以提高一倍。事实是这么一弄，不止提高了一倍，而是好多倍，从人均几百美元快涨到人均一万美元了，你算算那是多少倍了？

可是，为了搞这个计划生育，可真是费了大劲了，你想想，从人人都要拼命生、家家都要拼命生，到城市一家只能生一个，农村一家只能生两个，这观念多陌生啊，多吓人啊，多恐怖啊。城市人还好，捏着鼻子接受了，农村可就炸了窝了，搞得是鸡飞狗跳，鬼哭狼嚎。罚款的有之，牵牛的有之，拆房的有之，孩子跑了把老爹绑在树上打屁股的有之，怀孕七八个月高月份引产的有之，一时间搞得是哀鸿遍野、怨声载道。

忽一日，莫名国搞计划生育的人发现，总和生育率掉到1.2了，通俗地说，一个女人平均一辈子只生一个多点孩子了，而保持人口更替水平需要的是2.1，而不是1.2。他们意识到让国人生第二个孩子的契机来到了。怕人口反弹得太厉害，一开始只开了一个小口子，允许夫妻双方有一方是独生子女的生二胎，等了一阵发现没有反弹，索性彻底放开了二胎，让所有的人都可以生二胎了。万万没想到，人们已经真的改变想法了，符合生二胎条件的人真去生二胎的还不足一成，这是个惊喜呢还是个惊吓？从人们生育观念改变的角度看这是个惊喜，对于那些担心人口消亡的人来说就是个惊吓。

那天东东看到一幅照片，背景是农村的庄稼地，有两个男人正蹬着个梯子架设一个巨幅标语牌，上面用大红的楷体字写着："让村里每个妇女都怀上二胎是村支书不可推卸的责任。"东东把这照片给江山看，俩人一起笑弯了腰，笑了很久。

东东说："这可是我长这么大碰到的最有意思的一件事了。"

江山说："这事有个啥意思？不就是人都不愿意生孩子了吗？"

东东说："这事要是发生在西方国家，就一点儿意思都没有，因为他们本来就是个人本位的文化，把个人享受放第一位，把传宗接代放第二位。可这事发生在这里可就有意思了。咱们可一直是家庭本位来的，把传宗接代放第一位，个人享受放第二位。”

江山皱着眉头斜睨着东东说：“这就有意思了？没看出来。”

东东说：“整个人的想法变了，文化这么深厚的东西居然都改变了，还不够有意思吗？”

江山不屑地说：“只不过是从深藏在心底的那种害怕绝种的恐惧里头醒过闷儿来了而已，这种恐惧跟人口爆炸的现实距离多么遥远呀，对现实的感知和反应多么迟钝呀，就像一个大块头还在做自己是个小矮人的噩梦，傻得没边儿没沿儿啦。早该明白的事这么晚才明白，早该醒来的噩梦这么晚才醒来，有什么可惊喜的呀？”

东东摇头说：“我还是对人心的改变感到意外，也可以说是感动。江山易改本性难移嘛，看到本性这个级别的改变，你不觉得震撼吗？你不感动吗？”

江山说：“我一点儿也不感动，从多生到少生，只不过是一个个的人通过他的动物本能做出的选择，周边环境变了，他的想法就跟着变了，他的行为也跟着变了，这有啥可感动的？”

东东若有所思地点头说：“嗯，细想想，这变化确实跟农业国变工业国有点儿关系，农村和城市生活的环境确实是不一样了。”

江山说：“所以说，没什么可自豪的，只不过以后人口会少一点儿，每个人会比过去富裕点儿、活得舒服点儿而已。不傻的都能看出来，除了证明以前傻人居多，什么也证明不了。”

东东说：“不管怎么说，人变聪明了还是值得庆祝的，咱们庆祝一下。”

东东这样说着，去拿了一瓶红酒出来，俩人对饮了一通，把一瓶酒干了就倒头睡了，连一周一回的游戏都忘了做了。

看到网上不少人对中国人口减少忧心忡忡，我觉得他们的恐惧和担忧仍旧部分地来自非理性。那些对人口老龄化带来的问题的担心是来自理性，而那些只是单纯对人口规模下降的担心就来自非理性了——他们从未想过：为什么人多就一定比人少好呢？为什么 15 亿就一定比 14 亿好呢？就一定比 10 亿好呢？就一定比 5 亿好呢？就一定比 3 亿好呢？就一定比 1 亿好呢？美国跟我们国土面积差不多，他们的人口规模是 3.2 亿；俄罗斯国土面积接近我们的两倍，他们只有 1.4 亿人，是我们的十分之一。人口下降又有什么不好呢？我打赌，大多数中国人从来没有这样想过人口问题，只是一味地希望人口增长，只要有人口下降的苗头，马上就吓得要死，马上就开始挖空心思地想：怎样才能刺激生育？结果就闹出了让村支书负起责任那样的笑话。一想到印度可能会超过我们成为世界人口第一大国，马上痛心疾首，像没有拿到奥运金牌只拿到银牌一样，从来不会想我们为什么非要拿这个金牌不可？我们少生点儿人，让已经来到这个世界上的人生活得好一点儿，又有什么不好？

小波辞世·爱情回味

1996年10月，我到英国剑桥大学做访问学者，原定时间是一年，可是在做了半年之后，忽一日接到好友林春电话，说小波出事了。虽然当时没有人告诉我出的什么事，就说病了，但是我有了很不好的预感。从接电话开始，一直到登机回国，我的心跳一直很快，心里发虚，全身像要虚脱一样。在从机场回家的路上，沈原说了一句话：小波是个诗人，走得也像诗人。这下我就全明白了。我现在不愿回想，那些日子我是怎样熬过来的。我的生活因为没有了他，已经彻底改变了。

与小波的爱实在是上天送给我的瑰宝，回忆中全是惊喜、甜蜜，小波的早逝更诗化了这段生命历程，使它深深沉淀在我的生命之中，幸福感难以言传。

在小波过世之后，我有一天翻检旧物，忽然翻出一个本子，上面有小波给我写的未发出的信，是对我担心他心有旁骛的回应："……至于你呢，你给我一种最好的感觉，仿佛是对我的山呼海啸的响应，还有一股让人喜欢的傻气。……你放心，我和世界上所有的人全搞不到一块儿，尤其是爱了你以后，对世界上一切女人都没什么好感觉。有时候想，要有个很漂亮的女人让我干，干不干？说真的，不会干。要是胡说八道，干干也成。总之，越认真，就越不想，而我只想认认真真地干，胡干太没意思了。”

在我和小波相恋相依的二十年间，我们几乎从来没有吵过架、红过脸，感受到的全是甜蜜和温暖。两颗相爱的灵魂相偎相依，一眨眼的工夫竟过了二十年。我的生命因为有他的相依相伴而充满了一种柔柔的、浓浓的陶醉感。虽然最初的激情早已转变为柔情，熊熊烈火转变为涓涓细流，但是爱的感觉从未断绝。春蚕到死丝方尽，蜡炬成灰泪始干。就这样缠缠绵绵二十年。这样的日子我没有过够，我想一生一世与他缠绵，但是他竟然就那么突然地离我而去，为我留下无尽的孤寂和凄凉。

虽然小波出人意料地、过早地离开了我，但是回忆我们从相识到相爱到永别的二十年，我没有什么可抱怨的：我们曾经拥有幸福，拥有爱，拥有成功，拥有快乐的生活。

忆起那一年暑假，我们从匹兹堡出发，经中南部的70号公路驾车横穿美国，一路上走走停停，用了十天时间才到达西海岸，粗犷壮丽的大峡谷留下了我们的足迹；然后我们又从北部的90号公路返回东部，在黄石公园、“老忠实”喷泉前流连忘返。一路上，我们或者住汽车旅馆，或者在营地扎帐篷，饱览了美国绚丽的自然风光和大城小镇的生活，感到心旷神怡。

忆起那年我们自费去欧洲游览，把伦敦的大本钟、巴黎铁塔和卢浮宫、罗马竞技场、比萨斜塔、佛罗伦萨的街头雕塑、梵蒂冈的圣彼得大教堂、尼斯的裸体海滩、蒙地卡罗的赌场、威尼斯的水乡风光一一摄入镜头。虽然在意大利碰到小偷，损失惨重，但也没有降低我们的兴致。在桑塔路其亚，我们专门租船下海，就是为了亲身体验一下那首著名民歌的情调。

忆起我们回国后共同游览过的雁荡山、泰山、北戴河，还有我们常常去散步和作倾心之谈的颐和园、玲珑园、紫竹院、玉渊潭……樱花盛开的时节，花丛中有我们相依相伴的身影；秋叶飘零的时节，林间小道上有我们随意徜徉的脚步。我们的生活平静而充实，共处二十年，竟从未有过沉闷厌倦的感觉。平常懒得做饭时，就去下小饭馆；到了节假日，同亲朋好友欢聚畅谈，其乐也融融。

生活是多么的美好，活着是多么好啊。而小波竟然能够忍心离去，实在令人痛惜。我想，唯一可以告慰他的是：我们曾经拥有过这一切。

在一人独处时，我会想起我们的相遇、相知、相爱，会想起生活中点点滴滴的快乐和痛苦。我像一只反刍的牛，不断地反复地咀嚼着我们过去的生活，细细回味它的酸甜苦辣。

记得刚谈恋爱的时候，小波常常到我在阜外大街的住处去找我，他走时，我会送他到院子门口，我们常常躲在院里的大树背后或者街灯的阴影里接吻。还记得陀思妥耶夫斯基小说中两个孩子把嘴唇吻肿的情节吗？我们那时候虽然还没到这个程度，却也相当的如火如荼。我记得当时接吻已经完全到了上瘾的程度，觉得人的嘴唇简直是整个身体最可爱、最柔软、最奇妙的地方。有的时候，我甚至感觉到了缺氧，还记得自己隐隐有点儿担心：会不会缺氧窒息啊。有一次，我送他走时夜已经深了，我们正在院门口的木头岗亭和楼房交接处的阴影里吻得如火如荼，突然被一个巡逻的保安撞见，问了一句：你们在干什么？当时着实吓了一跳，赶紧分开了。后来小波把这个遭遇写到了小说里，就是关于袋鼠的那个意象：女主角总是钻到男主角的军大衣里面接吻，俩人看去就像袋鼠妈妈和她的小袋鼠。

接吻归接吻，婚前性行为是绝对没有的——我们那个时代的婚前性行为规范是相当严格的，婚前守贞是所有人的行为规范。有个证据：我在 1989 年用北京市公安局户籍科抽出的随机样本调查发现，有过婚前性行为的人只占样本的 15%，而且其中很大一部分是打算结婚的固定伴侣，只是还没有领结婚证而已。所以可以很有把握地说，几乎所有我们同代的青年都是婚前守贞的。记得当时看到的小说会有这样的情节：在结婚当晚，丈夫发现妻子不是处女，就立即提出离婚，把妻子赶出家门。而近年的调查中发现，婚前性行为已经飙升到 71%，如果按照不同年龄组划分，年轻一代的婚前性行为已经接近 100% 了。这可不是我们年轻时候的情景——我们结婚时是二十八岁，而我们俩都是货真价实的处女和处男。用现代的标准看，已经到了匪夷所思的高龄，青春都已经过去了。对于这一点儿，回想起来真是痛心疾首啊，因为时代的道德要求，我们丧失了一生最快乐、最自然、最美好的体验。性学表明，男性的性欲高峰在二十岁，之后即呈略微下降的趋势，女性的性欲周期略有不同，但是二十来岁也是最好的时候，我们都做什么去了？

尽管如此，我们还是觉得很幸运，因为真正的激情之爱的发生概率并不高，偏偏就让我们碰到了。虽然相见恨晚，但是如此浓度和烈度的爱情对于我们的损失却是一个极大的补偿。我们甚至暗自庆幸彼此初恋都不成功，否则就会失之交臂，甚至根本无缘相见了。小波之前也追求过一个女孩，他只为我讲了一点儿点，所以我知之不详。好像是他父母的一个熟人家的女孩，小波那时候总是像个大哥哥似的给她讲故事，引导她读书。后来，当他向她表明心迹的时候,那女孩只说了一句“什（第三声）么呀”，完全不解风情。小波只好悻悻地打了退堂鼓。

记得小波说过，那女孩的母亲也像我妈最初一样，是持反对意见的，以致小波闷闷不乐地抱怨：怎么每当我喜欢一个女孩，总会跳出一个老妈妈，老母鸡护着小母鸡似的表示反对。我妈见过小波之后，一开始也是反对的，我猜测，她凭母亲的直觉感到了小波的思想相当不正统，有点儿离经叛道的意味。我们初识的那个时代，思想解放运动还没开始，打“右派”、打“反革命”的气氛还没过去，人们心有余悸。母亲嫁闺女的时候都要把把关，不能把孩子往火坑里推。后来是我爸爸一句“是你谈恋爱还是她谈恋爱”，把我妈的意见打了回去，我俩的恋爱这才走上了坦途。

妈妈对小波不看好还有一个原因：嫌他不够漂亮。妈妈有个闺蜜宋阿姨，也有四个孩子，个个漂亮至极，老大高飞是偶像派男演员，跟栗原小卷搭档演过《望乡之星》。我们两家小孩从小在一起玩儿，有一张八个小孩从高到矮排排坐的黑白照片，最高的那个是高飞，最矮的那个是我。妈妈可能觉得小波长得丑，有点儿拿不出手。后来，宋阿姨见到小波之后，跟妈妈说：孩子一点儿也不丑嘛，不错嘛。妈妈听了这才松了口气，不再反对了。后来，我们婚后一直住我家（小波是个倒插门女婿——开个玩笑，仅仅因为我家房子大点儿而已），妈妈变得非常喜欢小波，因为像小波这么品性纯良的人到哪里都是受欢迎的。妈妈说过他最重的一句话，是因为我从美国回来后得了过敏性哮喘，妈妈见他抽烟抽得太凶，说了他，说“如果你心疼三反，就不该老让她抽二手烟”。后来小波抽烟就常常躲到阳台上去抽了。

婚后，家务事一般是我来做的，虽然小波做菜水平比我高（他们家是四川人，四川人是很懂吃的，所以家传的手艺就比我强。我的父母一位山西、一位河南，都是北方人，我的家传就逊色很多，也就是食堂水平），但是他轻易不做，只好由我来做。我也就是勉勉强强把饭做熟而已，不要说美食标准，就连把它叫作烹饪都太拔高了。好在俩人的家务活实在没有多少，不然我哪里能够容忍？他自己不动手，那就只好吃我做的乱七八糟的饭菜。小波倒从来不抱怨。他哪有资格抱怨呢？只要他一抱怨，我马上让贤，做饭不就成了他的事儿了？这种请君入瓮的傻事，他哪里能做呢？他不但从来没抱怨过，反而会给我讲笑话，自我解嘲。据他讲，娶了我这样高学历的人，就不能讲究吃了。说是有个男的娶了一个女博士，有一回她下挂面，结果把一双拖鞋下锅里了。

所以，跟这个倒霉蛋相比，小波还挺知足的，我至少还没出过这种事故。

在小波过世之后，我又重读小波的《绿毛水怪》，当看到妖妖因为在长时间等不到陈辉之后蹈海而死的情节时，禁不住泪流满面。

> 大海浩瀚无际，广大的蔚蓝色的一片，直到和天空的蔚蓝联合在一起。我看着它，我的朋友葬身的大海，想着它多大呀，无穷无尽的大；多深哪，我经常假想站在海底，看着头上湛蓝的一片波浪，像银子一样。我甚至微微有一点儿高兴：妖妖倒找了一个不错的藏身之所！我还有一些非非之想，觉得她若有灵魂的话，在海里一定是幸福的。（《绿毛水怪》）

我现在想，我的小波就像妖妖一样，他也许在海里，也许在天上，无论他在哪里，我知道他是幸福的。他的一生虽然短暂，也不乏艰辛，但他的生命是美好的，他经历了爱情，创造，亲密无间和不计利益得失的夫妻关系，以及他死后人们对他天才的发现、承认、赞美和惊叹。我对他的感情是无价的，他对我的感情也是无价的。世上没有任何尺度可以衡量我们的情感。从《绿毛水怪》开始，他拥有我，我拥有他。在他一生最重要的时间，他的爱都只给了我一个人。我这一生仅仅因为得到了他的爱就足够了，无论我又遇到什么样的痛苦磨难，小波从年轻时代起就给了我的这份至死不渝的爱，就是我最好的报酬。我不需要任何别的东西了。

爱的激情可以保持终身吗？在一般情况下，在结婚之后，在神仙眷侣进入柴米油盐之后，激情会变成柔情，熊熊烈火会变成涓涓细流。然而，大师福柯却为我们提供了一个反证。福柯与德菲尔结识于1960年，他们保持了二十多年的同性伴侣关系，直到福柯1984年患艾滋病去世为止。在1981年的一次访谈中，福柯这样描述他与德菲尔的关系："十八年来，我都沉浸在对某人的激情之中。有时，这种激情表现为一种爱情的形式。但实际上，这就是一种激情，我们俩一直处于激情的状态。""我觉得，当我需要找到他并和他说话的时候，无论什么都不能阻止我去这样做——绝对不能。"

福柯与伴侣一直保持激情状态，打破了我头脑中的一个思维定式，以为激情不可能保持长久。看来，真的可以与某人一直保持激情状态，直至死去。在我的印象中，人与人之间发生激情之爱的概率并不很高，而在激情过后，尤其是一对一关系确定之后，结婚之后，人不可能一直保持激情状态，就像火不可能一直熊熊燃烧。可是，福柯居然说了这样的话："我们俩一直处于激情的状态。"真是激动人心。难道人真的可以做到长时间地处于激情状态，不是一年，不是几年，而是十几年，几十年，甚至将激情状态保持终身？这可真是我所听到过的最令人欢欣鼓舞的消息。但愿福柯的状态不是孤例，不是例外，而是可以效仿的。反过来想，为什么激情就不可能保持终生呢？激情一定不可能保持长久这一论断，仅仅因为福柯的例子就已经被证伪了，福柯就是那只黑天鹅，天下只要有一只黑天鹅，天鹅是白色的这一论断就被证伪了。

这可真是一个福音。对于所有那些发生了激情并且担心激情过去、希望长期保持的人们来说，这是一个激动人心的证伪，一个令人跃跃欲试的证伪。每当想到可以终身沉浸在对某人的激情之中，终身享用这一激情，就像福柯那样，心中就觉得幸福和幸运。因为在这个沉闷无趣的人世间，能够与一个人相遇相知相爱，能够发生激情之爱，是一个奇妙的经历，是一生中十分难得的美好遭遇。如果竟然能够将其保持终身，岂不是相当于中了一个大奖？

对于此生此世，有的人非常珍视，有的人并不十分珍视，有的人竟然持忽视态度。我替忽视生命的人觉得不值。万千物种，亿万斯年，好不容易才进化出智能人类，能够感知自身存在，能够体会痛苦快乐，能够做抽象之思维，能够拥有灵魂。如果不加珍视，岂非暴殄天物？

人如果热爱生命，就应当生活在激情之中，像福柯那样。不是一时半会儿，而是一生一世。事情原来并不像人们一直以为的那样，激情不可能持久，一定会在熟悉之后转化为平淡的感情。那么，凡是热爱生命之人，只要有可能，当然应该选择保持激情状态的生存。

此外，只有生活在激情之中，才能使人感到生命是有意义的。虽然知道宏观看无意义，但在微观世界，意义显得丰沛。由于激情并不能经常遇到、经常拥有，所以退一步说，如果能够遭遇激情，会使得生命变得更有意义、更精彩、更快乐。

现在回头看，我和小波的爱情虽然在婚后变得平和，类似亲情，但是我们始终相爱，我们俩都把对对方的浪漫爱情保持了终身。他是至死不渝的，我也会把对他的爱珍藏在心中最柔软的地方，至死方休。

1997 年，小波去世之后

虐恋亚文化·剑桥

虐恋，是我在英国剑桥大学访学半年期间搜集资料的一个主要题目，研究成果是1998年出版的《虐恋亚文化》。剑桥大学的图书馆是世界上最好的，英国又是虐恋活动特别活跃的一个国家。我不否认，在资料的搜集过程中，我非常享受。如果我不喜欢这种特别有趣的性活动及其所表达的观点和审美，我也不会选择这个题目。我常常感到，所谓性感，所有人类的性感觉，在虐恋中都表现得最为淋漓尽致。它是性感觉的夸张表达，是性感的极致。神经稍微脆弱一点儿的人会受不了它，精神不够纯粹的人也领略不到其中的妙处。

如今，虐恋在中国已经越来越为人所知。在遍布全国的情趣商店中，虐恋用品占了相当大的比例。虽然其中有虐恋需要的"行头"比其他形式的性活动要多这一原因，但从虐恋类情趣用品的畅销，还是可以看出人们对它的钟爱。

后来，我出了一本虐恋题材的中短篇小说集，取名《黑骑士的王国》。我在小说集的序言中这样写道：

> 我一生囿于书斋，著作等身，但是真正全情投入的只有《虐恋亚文化》一书。1997 年上半年，我在英国剑桥大学访学，为了做这项研究，天天泡在剑桥大学那收藏丰富的图书馆里读书查资料。从住处到图书馆，我每天都会走过剑河，常常在古旧的小石桥上，看着河中的涟漪，想着徐志摩的诗句，抚今追昔，流连忘返。

英国人酷爱虐恋，早在维多利亚时代，妓院都会备有专门从事虐恋类服务的设施和人员。一位专业“女主人”发明的专供鞭笞之用的“伯克利木马”闻名遐迩，爱好者趋之若鹜。所以在英国研究虐恋是非常恰当的，那里即使算不上虐恋的发祥地，也算是个极其盛行的流行地吧。有的理论说，这跟英国人特别看重端庄的社交礼仪有关，也有理论认为，这种爱好与英国的贵族学校盛行鞭笞惩罚有关。直到我在英国的 1997 年，英国人还在为是否取消学校的鞭笞惩罚而争论不休。英国电视节目拘谨，但在深夜 11 点以后，常常会看到与虐恋有关的谈话节目和娱乐节目。

我从很小就对虐恋有感觉。有时会自我检讨：我为什么会喜欢这样的性呢？为什么别人的性都可以堂而皇之地表达，而我的就如此可耻呢？仅仅因为喜欢的人少，它就可耻吗？仅仅因为别人不能理解，它就可耻吗？仅仅因为与众不同，它就可耻吗？它真的与众不同吗？有时我觉得，它只不过是在性欲从强到弱的色谱当中属于较强的一端、口味较重的一端，而较强的性欲就比较弱的性欲可耻吗？口味重就比口味轻可耻吗？有时我又想，它只不过是将性与惩罚、羞辱、权力联系在一起，把痛感与快感联系在一起，而与痛苦联系在一起的性欲就是可耻的吗？多个社会学调查统计结果显示，人口中有5%～30%的人有过虐恋实践；有10%～49%的人有过虐恋想象。由此可见，即使虐恋的确是少数人的爱好，那也是一个无法忽视的少数。

福柯对虐恋的一个想法很值得关注，他说："我不认为这一性实践运动是泄露或暴露出深藏于我们无意识中的虐恋倾向什么的。我认为虐恋远远超过了这个；它是对快感的新的可能性的真正创造，这种快感的可能性是人们以前从未体验到的。"福柯一直在纠正人们对性的一个看法，那就是从十九世纪性学出现以来，所有的人在谈到性的时候都把它仅仅看作人类的无意识的生理欲望，而且把这些欲望细分为正常的和反常的、常态的和变态的。虐恋当然早就上了心理分析学中反常和变态的名单。福柯对这一性学理论的颠覆性思考在于：他把欲望换成了快乐（快感）。他不认为虐恋是性欲的一种偏离了正常轨道的变态，而仅仅把它视为人们追求快乐的一种方式、一种风格，一种对身体快感和人际关系的创造。如果我们按照福柯的想法来看待虐恋，将会是多么轻松和释怀啊。

除了被指为变态之外，虐恋遇到的最大非难来自激进女权主义者。他们认为，虐恋属于政治立场错误，罪名是"政治上不正确"（political incorrectness）。肯定虐恋的自由主义女权主义者与这种指责展开辩论。这场论争旷日持久，被称为“性战”（sex war）。在我看来，对虐恋的这一指责完全是以偏概全，他们只看到虐恋活动中女性沦为男性的奴隶，被鞭打、被欺凌，没有看到虐恋爱好者中其实有更多的男人愿意成为女人的奴隶，更不必说还有许多男男之间的奴役关系和女女之间的奴役关系。我们绝不可以认为，男主女奴的关系就是政治上不正确，而女主男奴的关系就是政治上正确；我们也不可认为，只要是奴役的不平等的关系，就一定是政治立场错误。因为在虐恋活动当中，双方的权力关系是自愿的和游戏性质的，与政治立场和现实生活中的关系平等与否基本无关。

据我所知，我所崇敬的大学问家福柯是虐恋爱好者，我喜爱的美国著名女权主义人类学家葛尔·卢宾更是一位大张旗鼓的虐恋爱好者。我感到与他们心意相通，并且大受鼓舞。我对他们的学问佩服得五体投地，对他们的生活方式心向往之。我也因此而心中暗喜——我的爱好也因此不能算特别不登大雅之堂吧。我内心反倒觉得，其实，它也许恰恰是“大雅”本身。虐恋的社会学特征是它的爱好者大多是社会中上层人士，听上去很奇怪，其实道理很简单：如果一个孩子从小生活在粗粝的环境，爸爸天天痛打妈妈，他是绝不会对虐恋中的暴力美学有一点儿点感觉的，他厌恶还来不及。而精致的生长环境才能造就对性欲的这种精致的感觉，所以虐恋中蕴含着真正的优雅。

有一种观点认为：色情是贵族生活方式的产物。我以为虐恋也是如此。它不仅是在温饱不成问题的情况下才能有的，而且是在自由不成问题的情况下才能有的。如果一个人处于温饱不得保证的情况下，你就不能拿他的贫困状况开玩笑、做游戏；如果一个人处于暴力关系的威胁之下，你就不能拿他遭受暴力侵犯开玩笑、做游戏；如果一个人处于奴役状态下，你也不能拿他在奴役状态下受欺凌开玩笑、做游戏。换言之，对于那些做主人奴隶游戏的人来说，现实中的奴役关系必定已不存在；对于那些做暴力游戏的人来说，现实关系中的暴力必定已不存在。这就是虐恋活动的精华所在。它是贫乏的俗世生活中的奢侈品，是性感的极致，是人类性活动及生活方式的一个新创造，是少数最懂得享受生理与心理快感的人们的一个游戏，是人类感观的极限体验。

这种感觉不容易在现实中实现，按照弗洛伊德的理论，原欲受阻会升华为艺术，例如文学、美术、音乐，而虐恋小说应当说就是我的原欲受阻的产物。我自己写的时候，身体是有感觉的；而有的读者看的时候，身体也是有感觉的。我喜欢这感觉。中国古文人云：志不出于淫荡。古人吟诗作画的抱负不过如此，我的抱负也不过如此。

《洛丽塔》的作者、文学巨匠纳博科夫曾提出过一个振聋发聩的论断："在一个自由的国度，没有一个作家要费神去为肉感与美感（sensual and sensuous）的确切区分而操心。……在我看来，一部虚构的作品得以存在仅仅在于它向我提供了我直截了当地称之为审美快感的东西，这种东西是不知起于何因、来自何处、并与其他的存在状态相联结的一种存在观念，其中，艺术（奇特性、敏感性、亲切性、狂喜性）是标准。这样的作品并不多，其余所有的作品或者是谈论问题的无价值的文学作品，或者是某些人称之为观念文学的东西。”引这样长的一段话，目的是为我的小说“正名”。在这个小说集里，我没有费神去区分肉感和美感，虽然我所处的国度还不是一个纳博科夫意义上的自由国度，但是人的精神和想象力是不管什么国境线的。我希望，按照纳博科夫的标准，我的小说应当属于有价值的文学艺术的范畴。

小说写完之后，我曾怀着忐忑的心情问过友人冯唐，它们算不算好的文学。他没有正面回答，只是委婉地说：“现在呈现的文字带了很多你作为优异社会学学者的特点。”我的确不是一个好的小说家，主要的问题是，我的小说带有论文味道，而且我对写细节极其不耐烦。我在文学上除了欣赏和酷爱之外，也没有什么抱负。所以我宁愿把这本小说集当作我虐恋研究的小说形式的图解来看，说得更直白一些，我想通过小说让大家知道虐恋是怎么一回事，喜欢虐恋游戏的是怎样一群人。当然，如果人们能从小说中看到一点儿点美，得到社会学研究知识之外的审美快感，那我就喜出望外了。

在小说集的后记中我这样写道：

> 有一天我看到一个影碟，是日本《花与蛇》剧组的媒体见面会。其中一个演员说了句话，听上去相当雄辩——这是往好了说，往不好说，是相当霸道。他说：只有变态的才是美的。《花与蛇》并不怎么好看，它所描绘的故事也并不很美，但是这位演员的话却被我听了进去。因为我深有同感。

人生在世，不得不平庸，不得不琐碎，不得不常态，因为所有的人都是这样活着的，你凭什么不这样活着？但是有些人，不安于平庸琐碎，不安于常态，对于他们来说，“只有变态的才是美的”，这不仅是一个普通的判断，而且是他们的生活宗旨。

麦当娜的写真集《性》里面，有好几幅虐恋风格的照片，她身穿黑色皮衣，手持皮鞭，一个性感的男性跪在她的脚下。最近在网上还看到安吉丽娜·朱莉早年拍摄的一组虐恋风格的照片，她在束缚中的身体，非常之美。这些东西不可谓不变态，但是它们确实有一种摄人心魄的美感。美，优雅，变态，在这里完美地结合在一起，有一种使人摆脱平庸和猥琐的力量，像从缓缓打开的巨型蚌壳中现身的阿佛洛狄忒，超凡脱俗，不可方物。

那年夏天，一个炎热的日子，北京虐恋俱乐部“黎家大院”的十几位朋友到我家造访，因为他们喜欢我写的《虐恋亚文化》。他们当中有男有女，满满坐了一屋子，大家相见甚欢。

我感觉到，他们的生活方式相当变态，同时也相当美。他们拒绝婚姻，拒绝生育，拒绝传统的一对一占有性质的爱情，只是尽情享受着他们的青春和生命。圈子里所有人的关系都是完全平等的、自由的，大家之间相亲相爱。他们生活中的目标只有一个，就是身体的舒适和精神的愉悦。所有妨碍这个目标的关系、观念，都被他们无情地摈弃，比如说嫉妒、占有、剥削、压迫、诡计，在他们的关系中似乎完全没有位置。每个人都有着纯净的心灵和清澈的眼神。他们关系中的统治与服从、施虐与受虐、压迫与侮辱、暴力与欺凌，全都具有戏剧表演的性质，并不会损害他们每个人的自由与平等关系。平心而论，我认为他们一点儿也不变态，世俗的人际关系按他们的标准来衡量反倒是相当变态的。因此，前面提到的口号应当略作修改：只有被世俗视为变态的才是美的。

除了温饱，人生还需要什么？人全都有精神上的需求吗？我看有些朴拙的老人，一生对精神的东西并不真正需要，也并不喜爱。整日除了劳作，便是在阳光下晒晒太阳，从面光皮嫩到满脸皱纹，憨态可掬，内心平静，宛若入定。像一个小小动物，从出生，到成熟，到衰老，到死亡，从不多想什么，多争抢什么，不读书，不真正认真看待任何人类创造出来的精神产品，例如音乐、美术、戏剧、电影。一生也就这样过去了，并无遗憾。他们的生命就像一只朴拙的大碗，粗糙，但是实用。

我不行，我酷爱所有这些人造的美，不可或缺。我的生活像一只精雕细琢的雕花小碗，至少我怀着这种愿望，就像福柯说的：人的生活本身就应当是个艺术品。我并不觉得自己比那些朴拙的人高明多少，只不过觉得这样才能对得起自己，对得起自己这稍纵即逝的生命。我就像一只不知疲倦的蜜蜂，在花丛中飞来飞去，流连忘返。每日从各色各样精彩纷呈的花朵中采撷那一点儿点精华，认真品味，不知餍足。生命不息，采蜜不止，直到老得再也飞不动了，才躺在花丛中静静地死去。

在所有的物质和精神的享受中，性爱这个东西有点儿不好归类，你说它算精神需求吧，它有生理欲望的成分；你说它算纯粹的生理现象吧，它又常常能够给人带来精神的愉悦。所以在我的采蜜人生中，它属于介于物质需求与精神需求之间无法归类的一种需求，或者说是第三种需求。精神的愉悦怎能完全摆脱性欲的范畴呢？弗洛伊德说得明白：所有的人类精神产品都是原欲受阻而升华的结晶。所有的艺术家都是性欲特别充沛满溢的人，在现实中无法实现，只有升华到音乐、美术、文学创作之中，从而创造出璀璨的精神之美。

毛姆曾经抱怨，当他最严肃的时候，人们却总要发笑。而当他隔了一段时间重读自己当初用真挚情感所写下的东西时，他自己竟也想笑。他认为，这一定是因为真诚的感情本身就有着某种荒谬的东西，“莫非是因为人本来就只不过是一个无足轻重的行星上的短暂生命，因此对于永恒的头脑来说，一个人一生的痛苦和奋斗只不过是个笑话而已。”人所有的痛苦、快乐，从宇宙的角度来看，的确是全无价值、不值一提的。那么，人们为什么还要写作呢？答案只能是：写作能够使你自己感觉到愉悦，同时可以使一些读者感到愉悦。这只不过是人打发时间的一种比较高雅的方式而已。我的小说就是我打发时间、消磨自己生命的一种方式。

人生短促，时光如白驹过隙。世人全都想不明白或者不愿意想的一件事是：你作为一个人所拥有的一切，仅仅是这几十年的时光，其他的一切都没有用——也许对别人有用，但是对你自己没有用。在你出生之前和你死去之后，你基本上是不存在的。说基本上而不是全部，那是因为有些人会被后世的人记忆一段时间，比如说那些帝王将相、大诗人、大思想家，但是在地球热寂之后，他们也不存在了。一切的一切都会在人死时戛然而止。

目前，我已到耳顺之年，死神之钟时时在我耳边响起，就像一场比赛最后一圈裁判的提醒：你会死的，每个人都会很快死去。每一个人对于这件不可避免的事都无能为力。我准备遵从自己的内心和直觉，将变态进行到底，将对美的追求进行到底。只有这样，在我离世时才不会有丝毫遗憾，因为我曾经用自己的生命寻求快乐（活过，爱过，写过）；只有这样，我才能实现一生的夙愿：将自己的人生塑造成为一件精美的艺术品。

我觉得自己性格中有一种极端的气质，要不不会喜欢虐恋，因为虐恋就相当极端，是性感的极致。我的极端气质表现在，或者是最好的，或者是最坏的，受不了平庸的。比如，或者是极现代的建筑，或者是极古朴的草房，受不了难看的除了实用目的毫无美感的砖房；又如，取名字或者是极雅的，或者是极俗的，受不了不雅不俗的；再如，人际关系或者是爱得死去活来，或者是孤家寡人，受不了跟不喜欢的人一起过日子。

这种气质很可能来自父亲，父亲就是这样一个性格极端作风激烈的人。他是山西人，按说山西人是以吝啬著称的，可是他的作风却完全相反，喜欢大手大脚花钱。买到的东西万一有点儿不合适，他就痛下杀手，大删大改。买到的鞋垫大了一点儿，他马上用剪刀把它剪小，也不管是不是把包边剪坏；买了自行车有哪里不合适，他就用锯子把它锯断。家里被他这样毁掉的东西不少。他在得了脑血栓卧床不起时说了一句话，特别能反映他的风格，他说：我这辈子没有一件高兴的事。其实人哪能一辈子没一件高兴的事儿呢？可他就是这样感觉的。

相比之下，妈妈要随和中庸得多了。她爱说的一句话就是：人一辈子做点自己力所能及的事就行了。我年轻的时候，不大喜欢妈妈这种“三观”，一方面觉得太不励志了，另一方面肯定是因为从爸爸那儿继承来的极端气质：要就要最好的，要不就不要；做就要做到最好，要不就不做。一生过下来，觉得妈妈的气质虽然中庸，却是更适宜生存的；爸爸的气质是艺术家气质，他没去搞艺术实在是可惜了。

婚外恋·同性婚姻

2000年中国拟修改婚姻法，人大法工委广泛征求专家学者的意见，而这些意见的确分歧巨大，主要集中在对婚外恋的处置问题上。由于当时婚外恋有大幅度上升趋势，在官方正式用语中首次出现了“包二奶”这样的词汇。据说深圳、东莞那边出现了港商包养“二奶”的村子，这些港商在香港都有妻子儿女，在内地做生意又包养年轻漂亮的女人，放在别墅里养起来，有的还生了小孩，闹到原配夫人到港府游行示威的程度。内地官员和富人包养情妇或者搞“小三”“小四”的风气也甚嚣尘上。修法论争中有一派主张恢复通奸法，严惩婚外性行为。据说有一个专家稿中添加了这样一个条文：婚姻双方有忠诚义务，一方违背忠诚义务，另一方有权诉诸司法解决。说白了，就是授权警察抓奸。而根据社会统计资料，婚外性关系的发生率一般在40%上下，如果都诉诸警察抓奸，全国的警察还有精力做别的事吗？再说，通奸法是一种非常原始的法律，跟一些国家还保留着的石刑——把通奸的妇女放在街角，让人们用石头把她打死——烈度不同，但是理念相同，换言之，只是质同量不同而已。那是多么野蛮残酷的做法，一个正在走向现代化的国家怎么能那样做呢？因此全国研究婚姻问题的专家学者几乎同时出来发声，反对恢复通奸法。这就是那场论争的焦点。

我主编的《婚姻法修改论争》一书的价值就在于，它对中国修改婚姻法的过程也有一定的影响，是这一过程中各种观点激烈争辩的一个记录。婚姻法与其他小法不同的是，它与绝大多数中国人有关。所以人们在这个问题上也都想发言、出声，各种观点的论争十分尖锐刺激。我在其中也写了一篇。

那一年，我们一些社会学家和法学家还被人大法律工作委员会请去开座谈会。在会上我第一次提出了同性婚姻问题。当时，这个提法不仅在中国过于超前，在全世界也是比较靠前的。虽然当时已经有五个国家批准了同性婚姻，但是同性婚姻的声势还不像现在这么大。所以有位法律专家当场反驳我说：我们中国干吗带这个头？我说：第一，我们已经不是带头了，已经有国家批准同性婚姻了。第二，当时正在讲的“三个代表”其中就有一项是代表“先进文化”，即使我们是带头，又有什么不对呢？从那时到如今，又过去了将近二十年，世界上批准同性婚姻的国家已经从五个增加到近三十个，可中国还是寸步未进。现在来看，我们已经丧失了带头的机会，已经被众多的国家超越。

后来，我又多次向人大和政协提交过同性婚姻提案，以至人们以讹传讹，把我当成人大代表或者政协委员。其实我只是通过私人朋友和同事递交的提案。第一次大约是在2001年，我把同性婚姻提案交给一位上海的人大代表，请她带到会上去提交。两会结束后，我收到她的回信，说是所有涉及法律修改的提案都必须要得到三十位代表的附议才能够立案，而她找不到这30位愿意附议的代表，所以无法完成使命。

后来我改为托政协委员递交，这位政协委员同意署上他的名字递交了这份提案，但是他嘱咐我不可透露他的名字，而且政协委员似乎并没有立法权，只有建议权。某一年，我在媒体中看到这样一个消息，当记者向政协发言人吴建民询问同性婚姻提案时，吴的回答是：这个提案有点儿超前。即使如此，我还是很高兴，因为他至少没有说这个提案是错误的，只是说它提得有点儿早。如果乐观地想，在社会文明进程的未来，它将不再超前，还是有希望通过的。目前，台湾已经成为亚洲第一个批准同性婚姻法案的地区，比起西方各国纷纷批准同性婚姻的事态，台湾的进步更加令人欢欣鼓舞。因为我们同文同种，如果台湾的中国人能够接受同性婚姻，就说明中华文化对于同性婚姻并无大的抵触，同性婚姻法案的批准就更有希望了。

常有记者问我中国内地同性婚姻的前景会如何，在我看来，同性婚姻法案的批准需要两个条件：一个是社会对同性恋的歧视程度还要进一步降低，接纳程度还要进一步提高；另一个是少数人群的利益表达机制还要进一步完善。因为同性恋在人口中只占4%，他们的特殊利益跟96%的人相比永远排不上队，永远被忽视。他们的声音是弱小的，无法被听到。所以，必须改善少数人群的利益表达机制，使得他们的特殊利益也能够被提上议事日程。

在我拟定的同性婚姻提案中，列举了如下六个理由：

第一，据现行法律，同性恋不违反中国法律，同性恋者是具有各项权利的中华人民共和国公民。同性恋者当中有人有结婚的要求，他们的要求与他们作为公民的权利没有冲突，应该得到承认。

第二，鉴于同性恋者属于少数族群，许多国家已设立反歧视的保护性法律。目前西方许多国家已陆续承认了同性婚姻或家庭伴侣关系，较早的有澳大利亚及北欧国家，较晚的有加拿大、法国、德国、美国。如果我国能够允许同性婚姻，属于保护少数族群利益、反对歧视的立法，将在人权方面使我国跻身于世界先进行列，也可以此证明我们的党和政府是代表了先进文化的，取得与西方一些国家在人权方面斗争的优势。某些西方国家，特别是天主教国家，在关于同性恋的立法上受到宗教方面的压力，要想通过保护此类少数族群利益的立法十分艰难；而中国传统文化对于同性恋并不太歧视，这是我们在人权方面可以得分的一个有利背景，应善加利用。一旦中国立法保护同性婚姻，将成为我国保障人权的一个有利证据，使仅仅允许同性恋进入军队服役的美国联邦法律相形见绌。

第三，由于同性恋者的关系没有婚姻形式加以束缚和保障，容易造成一部分同性恋者交友随意，增加性病传播的可能性。虽然从人际关系平等观来看，一对一的关系与一对多的关系并没有高低优劣之分，但是从身体健康角度来看，前者确实优于后者。

目前，男男性行为在艾滋病传播中所占的比例迅速攀升，群内感染率已经超过5%，并有继续上升趋势。而承认同性婚姻则可以使相当一部分同性恋者建立和保持长期关系，减少短期关系，从而减少性病传播的可能性。

第四，从历史和跨文化的研究看，凡是人口增长压力较大的国家，对同性恋一般都采取比较宽容的政策；而人口稀少的国家对同性恋则比较严厉。这是因为人口中有这样大的一个人群不生育，将对国家的人口状况产生直接影响。据统计，男女同性恋人口在人群中会占到3%～4%，在中国就是3900万～5200万人。由于没有同性婚姻法，这些同性恋者大多数会同异性结婚生育。如果他们可以与同性结为生活伴侣，将有这样大的一个人群不生育，有利于我国的人口控制。

第五，由于传统文化习俗要求所有的人都要结婚，有大量同性恋者不得不进入异性恋婚姻，造成大量婚姻悲剧（诸如“男同性恋者的妻子”问题、“女同性恋者的丈夫”问题），导致此类婚姻质量降低，离婚率增高。如果中国批准同性婚姻，可以大幅度减少同性恋者进入异性婚姻的可能性。

第六，我国有保护少数族群和弱势群体利益方面的成功经验，如在保护少数民族利益、保护妇女儿童利益方面都属于世界领先地位。对于同性恋这个处于弱势地位的少数族群的保护，将使我国的形象更为开明、进步，造成一种各社会群体之间更为宽容、和谐的气氛，有利于国家的形象和社会的稳定，免于出现西方社会中同性恋不断游行示威、与主流社会文化发生激烈冲突的局面，而和谐、宽容的做法也与中国文化中崇尚和平、和谐的精神合拍。

我在提案结尾处写道:“总之，中国允许同性婚姻有百利而无一害。为了国家的利益、人民的利益以及同性恋这个少数族群的利益，特提出此提案，希望能够予以批准。”

性学在中国

感情与性·畅销书

那些年，我搞了一个小规模的关于中国女性的感情与性的调查，样本容量为四十七人，方法是深入访谈，即用一个半结构化的访谈提纲，与调查对象当面深谈。考虑到调查涉及个人情感和性的隐私，面对面的深入访谈绝对有必要，也是按照费老“社会学调查要‘出故事’”的思路。定量的问卷调查可以得到总体的概况，但要想了解详细情况，就非用定性方法不可了。一个有趣的巧合是，在翻阅西方性研究史的时候，看到十九世纪末在西方有位性学先驱、一位女性学者，也做了一个小样本的女性性行为调查，样本量恰巧也是四十七人。我看到之后暗暗心惊：怎么会有这么巧的事情？

在我访谈的四十七位女性当中，年龄最大的五十五岁，最小的二十九岁。她们的职业有科技人员、教师、公司职员、编辑、记者、医生、会计、艺术工作者、行政干部、工人、军人、服务行业职工、自由职业者，等等，以知识分子女性为主。教育程度最高的是研究生毕业，最低的是初中毕业，大学及其以上学历的占多数。对每个人的访谈短则一两个小时，长则四五个小时，有的还不止谈了一次。

这项研究涉及女性感情与性生活各个方面的一些基本事实，其中包括月经初潮，情窦初开，性压抑，性无知，性学习，初恋，异性感情，初吻，婚前性行为，初次性交，性交频率，性技巧，性快感，性美感，性交反感，性欲，手淫，避孕与人工流产，生育，家庭暴力，虐恋与强奸想象，婚外恋，离婚，同居，同性恋，停经与更年期，色情材料，性侵犯，感情与性的关系，感情与婚姻的关系，性与婚姻的关系，性观念，女性性权利以及女性地位问题。

这项调查的结果出版成书，名为《中国女性的性与爱》，由香港牛津大学出版社出版。当时卖得并不好，大概因为香港人不怎么读书，也因为香港的社会氛围与内地有太多不同，性的禁忌相对来说要小得多。这就解释了在1998年，同一本书在内地以《中国女性的感情与性》为题出版时引起大热的原因。这本书第一个版本发行量就在十万册以上，后来又被几个出版社以文集方式再版过几次，还由我的韩国学生李英梨翻译成韩文出版。这在学术书中绝对是一个例外。原因有二：一是性在我们的社会中过于受压抑，有一本书能如此谈论性的问题，阅读它对于人们的压抑是一个宣泄，对于长期压抑而造成的无知状态，这本书是一个对诸多问题的答疑；二是该书的做法恰好采用了社会学中定性研究而非定量研究的方法。如果是同样的题目，用定量研究就不一定会有如此众多的读者。数字会使人感到枯燥，会吓退许多人，而定性研究不同，它有大量调查对象的口述资料。虽然我很小心地做了处理，将每个人的叙述打散，分散在各个不同的小标题之下，使人不能从某一段叙述认出某一个人。但是，真实叙述本身就有它的魅力，加上在许多问题上被调查对象有不同观点、不同做法，产生道德标准的冲突，就使得这本书相当好看。即使如此，它的畅销对我来说还是相当意外的。

在调查过程中，像同性恋调查一样，有些调查对象几乎成了朋友，而有些原本就是朋友熟人。由于访谈内容涉及私人生活，所以在访谈过程中有非常微妙的情感交流。后来，有些记者、学生老爱问我一个问题：如此隐私的情况你是怎么问出来的，她们

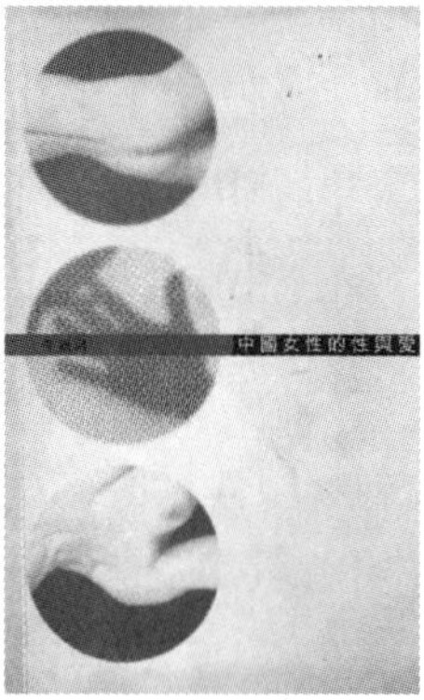

1 | 2

1　1996 年，香港牛津大学出版社的《中国女性的性与爱》

2　1998 年，该书在内地以《中国女性的感情与性》为题出版

怎么会跟你说的？我不知道什么访谈技巧，我唯一的法宝就是诚恳的态度，我的角色不像一个社会调查者，而像朋友、牧师或者心理咨询师，而人有时是有倾诉欲望的，如果你像朋友一样怀着诚恳的同情与她交谈，她就会滔滔不绝，没有心理障碍。我有时候觉得和人的交流是一种天赋，其中的一些方法技巧只能说是可意会不可言传，我有幸恰恰是这个方面天赋较高的一个人。

在访谈过程中，一位女性跟我讲到她自杀未遂的经历：她为了她爱的一个男人，拒绝了一位社会地位高、可以改变她的生活的人，而她所爱的男人却移情别恋，弃她而去，她在极度的痛苦中差一点儿就自杀身亡，在已经拧开煤气就要点火时突然惊醒，才没有死成。而另一位女性竟向我讲了她丈夫几乎谋杀她的情节，虽然没有造成严重后果，但是从那细节和她的感受，我相信叙述绝对真实。当然我也遇到过不愿谈的情况，比如我的访谈提纲中有关于自慰的问题，有的女性就非常坦诚但是坚决地告诉我：这个问题我不愿谈。当对方不愿谈时，我绝不勉强追问，马上换话题，因为一个人不情愿的时候说出来的话，可信度会大打折扣，而且也会破坏整个谈话的氛围。这种事我绝不能做。这本书之所以能够在非专业读者中如此畅销，跟其中人生真实故事对人的冲击力和震撼力有关。人们爱看虚构的人生悲欢离合故事，更爱看真实发生的人生故事。

在我做关于中国女性的感情与性的研究过程中，一个基本的估计始终困惑着我：一方面，我感到中国的情况像福柯所说的古希腊罗马社会，在那个社会中，性爱艺术最关心的不是对性行为作正确与错误的划分，而是视性活动为一个整体，更关注于快感的享用和节制；另一方面，我又感到，中国的现状像弗洛伊德心目中的维多利亚时代，禁欲主义是每一个人为文明所付出的代价。但是，有一点儿是肯定的：现代中国的性状况同现代西方的性状况是很不同的。换言之，我所观察的这个社会同福柯所观察的那个社会差异非常之大。

这种差异仅从表面上看就十分明显：在西方人人都在谈性，而中国的人们还有点儿“谈性色变”；在西方，性科学（包括各种调查研究、心理分析治疗）铺天盖地，而在中国，性还基本上囿于私人的卧室之中；西方的女人会因为达不到快感去看医生，中国的女人却对同样的问题处之泰然；在西方，同性恋经历了从被视为刑事罪犯（历史上最严重的时期要判死刑）到“走出柜橱”的解放运动；在中国，同性恋从未被定为非法，但是默默地忍受着“正常人”的歧视和嘲笑；在西方，性成为政治学、社会学、历史、哲学最为关注的话题之一；在中国，它却仍旧躲在阴暗的角落，被人们认为是不登大雅之堂的话题。

经过反复思索比较，我得出这样一个结论：性的地位在中国既不同于古希腊罗马（但有相像处），也不同于维多利亚时代（也有相像处），更不同于现代西方社会（最不像），而是一个在独特文化的时间和空间之中形成的东西。作为分析对象，它是一个弗洛伊德、马尔库塞和福柯都未曾面对过的对象。至少在地域上，那三位面对的都是西方社会，而我面对的是处于东方文化地域当中的中国社会。高度概括地说，这两个对象最大的区别在于：在西方，与性有关的论争常常围绕着正确与错误、正常与反常、善行与罪恶而展开；在中国，与性的地位有关的却是重大与渺小，崇高与羞耻、上流与下流的问题。在西方社会中，性处于对抗之中——压制与反抗、正常与病态、罪与非罪的对抗；在中国社会中，性被忽视，性在重要与不重要、崇高与低下、浩然正气与鬼魅邪气之间属于后者。早有不少学者论述过西方是罪感社会、中国是耻感社会的观点，很有道理。在性的问题上，西方的宗教或意识形态会告诫人们，什么样的性行为方式是罪恶的，不要去做。而中国的传统伦理或意识形态会宣称，性是可耻的，要把它节制到最低限度；要背着人悄悄去做，不要把它挂在嘴上；这种兽性欲望虽然人人都有，但是比较高尚的人比较能够克制它，最高尚的人最能克制它。

西方与中国在性问题上的差异，至少为双方分别造成了两类后果：在西方，反面的后果是，人们受到判定行为正确与否的规范的“凝视”，要担心的事情很多——担心没有性高潮，担心没有良好的体形，担心性倾向不对头，等等，动不动要去求助于心理医生；正面的效果则是，一方面有压制，一方面有反抗，真理越辩越明，于是女人争得“女上位”的权利，同性恋争得结婚的权利，虐恋的爱好者争得在密室中得到特殊服务的权利，性学家公开宣布同雇用他们做研究的政府的初衷大相径庭的调查结果——色情材料不但不会导致性犯罪率上升，还会降低性犯罪率。

在中国，正面的后果是，由于性受到忽视，人们的“自我”反而趁机处于自由、散漫的状态之中，口交肛交随心所欲，不但没有旁人来管，自己内心对这类行为也无焦虑感；没有高潮就没有高潮，也不用去看医生；反面的后果有两方面，一方面由于性被视为低级下流之事，令许多人做时不免心怀愧怍，倍感羞耻，痛恨自己的“本我”；另一方面有少数高洁之士克服了可鄙的淫欲，达到了崇高境界，让心中充满浩然正气，所念全是国计民生之事，但却被人视为“假道学”“伪君子”，也平添了不少烦恼。

我把西方与中国在性问题上的差异概括为以下几个方面：首先，有对错界定与无对错界定的差异。在西方，某种方式的性行为会被定义为正确或错误，例如，异性恋正确，同性恋错误（违反自然的犯罪）；阴道交正确，口淫错误；能导致生育的正确，不能导致生育的错误（如手淫）；等等。中国人关注的不是正确与错误的界定，而把关注的重心放在节制性欲上，讲究中庸之道，讲究慎独，讲究过犹不及，讲究存天理灭人欲。西方历史上有人曾因同性恋活动被判死刑，中国人在清末却以“狎玩相公”为寻常享受。在西方，不少人对某类性行为或对性欲、性快感本身怀有罪恶感；而在中国，人们则对荒淫无度怀有羞耻感，而不是犯罪感。

第二，有焦虑感与无焦虑感的差异。福柯讲得最多的是宗教忏悔仪式中要求人们坦白一切与性有关的思想、行为、罪恶这一历史事实。人们由此对性问题产生了大量的焦虑。中国的情形明显不同：没有什么普遍信奉的宗教，几乎可以说是一个没有宗教信仰的民族。基督教为西方人在性方面制造的焦虑感，在中国人这里很陌生，因此可以说中国人在性的问题上相当纯朴混沌，没有太多因负罪感引起的焦虑感。

第三，有激烈反抗与无激烈反抗的差异。西方人由于在性问题上过于焦虑，就有激烈反抗，正如福柯所说：“哪里有权力，哪里就有阻力。”中国人由于没有焦虑，也就没有反抗。西方人的反抗表现为走极端——越是感到焦虑的事，越要去说、去研究、去表现，所以西方有那么多关于性的研究、治疗；有那么多文学、艺术、影视传媒在表现这个主题。在中国，性这一主题的表现相对要少得多。

第四，有权利感与无权利感的差异。西方人以为自己的性权利被压抑、被剥夺了很长时间（正如福柯分析的，这种想法不一定对），所以在性问题上带有造反者和反抗者的狂热感、正义感和权利感，搞起色情品、卖淫、同性恋和各种变态性活动来显得气壮如牛，好像在搞革命（确实也有人管这叫“性革命”），好像在夺回被人抢去的权利。中国人在性上没有被剥夺感，所以也不会有反抗的热情和正义感，更没有权利感。在中国人的心目中，性的欲望是个小小不言的隐私，不登大雅之堂。西方人在开放淫秽色情品市场、卖淫合法化、同性恋合法化问题上争论得如火如荼，风起云涌；中国人对此却像在听天书，暗地里觉得奇怪：这种问题有什么讨论的余地，连想一想都不好意思。

著名人类学家马林诺夫斯基曾说：“自亚当和夏娃以来，性冲动就一直是绝大多数烦恼的根源。”古希腊人以饮、食、色为人的三大欲望、三种快感；中国人则有“饮食男女，人之大欲存焉”一说。看来这种概括是跨文化的。中国人并非真修炼到了对性漠不关心的境界。将西方的禁制与中国的忽视相比，我们不知道该选择哪一个，就像一个面临死亡的婴孩不知道是被溺毙更好，还是被丢弃更好。总之，性在中国的处境就像一个被丢弃的婴孩，在那里自生自灭，心中暗暗纳闷：我为什么这么不受宠爱？

从人本主义的角度，人类的性与爱不仅不是低俗的品性和行为，而且是很崇高的；不仅不是不值一提的小事，而且是很重要的。原因就在于性与爱同人的自我有着极其重要的关系。如果一个社会、一种文化重视人的自我，它就会重视性与爱；如果一个社会或一种文化轻视人的自我，它就会轻视性与爱。人们常常以为，政治事变、经济发展这类事情才是重要的，个人的欲望、快乐与行为方式根本无足轻重。这种想法在中国尤其盛行，因为个人的价值在我们的文化中从来都是被忽视的。在法国历史学家布罗代尔三个时段的划分中，中国人自然而然地以为短时段现象（政治事变）是最值得重视的，中时段现象（某种发展趋势）次之，长时段现象（生活方式）是最不值得重视的。而在我看来，布罗代尔对长时段事实的关注，不仅具有历史研究方法论的意义，而且具有对人的关注的意义。归根结底，政治斗争和经济发展只是工具，人的幸福与快乐才是目的。我们为什么如此喧宾夺主，为什么常常把手段当成了目的而令目的受到冷落呢？

调查给我的印象是，这些女人的性情尽管相当不同，她们的性爱经历与观念也有很大差异，但她们有一个共同点，那就是她们都非常看重她们的"自我"，她们从不认为出于这个"自我"的任何行为、感受是无足轻重的，她们为它快乐、为它忧伤、为它欣喜若狂、为它痛不欲生。在这部书里，我把它们——这些"自我”——如实地记录下来。尽管有人认为这些记录没有任何重要性，我却持相反的观点。我认为它们无比重要，因为它们是人的生活，它们是生命的存在状态。罗素曾说：人们在世界上做着两件事，一件是把地球上的东西搬来搬去；另一件是指挥别人把地球上的东西搬来搬去。我想，我在这本书里记录下来的事情，至少并不比这两件事更无价值。

性别问题·女性主义

我的研究涉及三个领域：婚姻家庭、性别和性。在性别研究领域，我写了好几本书，有的是资料汇编类，有的是经验调查类，有的是理论综述类。《女性主义》一书属于理论综述类图书，出版后被用作教材。这本书后来数次再版，还得了全国妇联妇女研究类的图书奖。

女性主义的理论千头万绪，归根结底就是一句话：在全人类实现男女平等。综观女性主义的理论，有些激烈如火，有些平静如水，有些主张做决死抗争，有些认可退让妥协，但是所有的女性主义理论有一个基本的前提，那就是：女性在全世界范围内是一个受压迫、受歧视的等级，即女性主义思想泰斗波伏娃所说的"第二性"。

女性的第二性地位是如此普遍，如此持久。在这样一个跨历史跨文化，普遍存在的社会结构当中，女性在政治、经济、文化、思想、认知、观念、伦理等各个领域都处于与男性不平等的地位，即使在家庭这样的私人领域中，女性也处于与男性不平等的地位。男权制思想认为，这种男尊女卑的性别秩序不仅是普遍存在的，而且是不会改变的，因为它是自然形成的；而女性主义却认为，这一性别秩序既不是普遍存在的，也不是永不改变的，因为它并不是“自然形成”的，而是由社会和文化人为建构起来的。

在不同的年代和不同的文化当中，男性也受压迫，但是他们是由于属于某个阶级或阶层的成员而受压迫，而不是由于是男性而受压迫。女性则不同，除了因为属于某个阶级或阶层等原因之外，还仅仅因为身为女性而受压迫。由男性铸造的社会将女性视为低下的：她只能通过挑战和改变男性的高等地位这一途径来改变自身的低下地位。历史上有许多向统治集团挑战的革命，但是只有女性主义是向男权制本身挑战的。

书中回顾了如火如荼的女性主义运动。两个世纪以来，世界经历了两次女性主义运动的高潮。女性主义运动的第一次浪潮发生在十九世纪下半叶到二十世纪初；女性主义运动的第二次浪潮是在二十世纪的六十至七十年代。

什么是女性主义运动的主要目标？最简单的定义是：女性主义运动是向传统劳动分工方式的挑战。原有的劳动分工让男性得以控制所有的公共领域——工作、运动、战争、政府，同时使女性成为家庭中没有报酬的奴工，承担整个家庭生活的重担。女性要求享有人的完整权利，向男性（所有男人为一个族群）和女性（所有女人为另一族群）之间的不平等关系挑战，向所有造成女性无自主性、附属性和屈居次要地位的权力结构、法律和习俗挑战。

书中还综合比较了女性主义的各个流派。一般人一提到女性主义就以为它是铁板一块的，其实女性主义阵营中流派繁多，主张各异，最流行的是所谓“三大家”(big three) 的概括方法，即自由主义女性主义、社会主义女性主义和激进女性主义。除了公认的三大家之外，近年来又出现了一个重要的新女性主义流派：后现代女性主义。由于这一新流派观点新颖，影响很大，所以在书中单列一节加以介绍。此外，书中还介绍了一些不属于这四大流派的女性主义小流派、小分支。

值得一提的是，有人认为，过去几十年间女性主义流派的大量分化与重新组合，已经使过去四大家的区分变得不再清晰可辨，目前，女性主义的理论呈现出一派多元的格局。总的来说，二十世纪六十年代以激进女性主义为主；七十年代以社会主义女性主义为主；八十年代是全面保守回潮；九十年代是女性主义三大家（激进、自由、社会主义女性主义）的综合；新世纪则是后现代女性主义的蓬勃发展。

这本书论及的女性主义流派包括：自由主义女性主义、激进女性主义、社会主义女性主义、后现代女性主义、文化女性主义、生态女性主义、第三世界女性主义与黑人女性主义、心理分析女性主义、女同性恋女性主义以及其他女性主义流派。

在男女平权运动中，女性主义内部由于思想倾向不同、政治主张不同，产生了大量的论争，有时，论争竟能达到白热化的程度。但是无论观点多么天差地别，大家都有一个最大公约数，或说共同目标，那就是争取男女平等。

在西方进入后工业化时期以来，女性主义开始向所有现存的范畴提出了全面的质疑，这些领域包括知识基础、价值体系、话语体系、意识形态、方法论、组织结构、社会工作、社会福利等。当代女性运动也有很多新的关注点，如两性的平等待遇与特殊待遇问题、对女性的保护性立法问题、工业造成的健康灾害问题、离婚问题、孩子的监护权问题、性与色情品问题、暴力问题等。女性主义理论进入了一个又一个从未涉足过的领域。在各个领域中都有人从女性主义角度来提出和分析问题，这些问题既反映出女性状况的最新发展和最新关注点，又预示了女性运动在新世纪的发展方向。

女性主义内部也充满了各种论争，主要有关于生理决定论与社会建构论的论争；关于性别气质问题的论争；关于性问题的论争；关于淫秽色情品问题的论争；关于卖淫问题的论争；关于认识论与方法论问题的论争；等等。

在女性主义运动之后，出现了各种各样与女性主义有关的运动和思想流派，其中比较重要的有男性运动、后女性主义和新女性主义。男性运动可以被分为两大类：一类是支持女性运动的，另一类是反对女性运动的。这本书对女性主义之后的各种运动和流派重点介绍了以下四种：进步男性运动；保守男性运动；后女性主义；新女性主义。中国的女性主义在全世界女性主义思想阵营中大约也应当被视为一种新女性主义。它的基本目标是争取男女平等的最终实现。

女性主义的短期目标就是有什么问题解决什么问题，比如在我们的社会中比较差的女性参政问题；行政管理人员中女性偏少的问题；女童失学问题；大学女生比例偏低问题；女性就业机会偏低的问题；女性下岗失业比例偏高的问题；女性劳动报酬偏低的问题；出生人口性别比偏高所反映出来的流产女婴、杀害女婴、遗弃女婴问题；女童营养较差的问题；婚后男居制所带来的男女不平等问题；男性不分担家务劳动和女性工作家务双重负担的问题；社会观念中的性别刻板印象问题；各类传媒中男权制思想残余的问题，等等。

女性主义的长期目标包括从争取两性的和谐发展，到性别界限的模糊化，最终使性别作为一个社会分层因素变得越来越不重要，使所有的个人都能使他们的个性得到充分的发展和实现，从而不仅实现男女两性的真正平等，而且实现所有个人在地位上的完全平等。同时最大限度地保留个性的差异，没有一个人会因为自己的性别感到任何一点儿压抑。

2006年我出版了一本题为《性别问题》的书，基于一个小样本的调查，涉及男女平等问题的各个方面。这本书可以被视为《性的问题》的姊妹篇。对于不熟悉性别与性这两个研究领域的人们来说，由于这两个研究领域有交叉（例如，对女性的性活动的研究就既涉及性别领域，也涉及性领域；对卖淫问题的研究也涉及这两个研究领域），很多人容易将这两个研究领域混为一谈。其实，这两个领域的研究对象、范畴和关注点绝大部分是相互独立而并不重叠的，不可混为一谈。换言之，这两个领域虽然有重叠，但是基本上还是两个不同的领域。性领域主要涉及人类的性活动，它的常态、异态、形式、内容、观念、文化；性别领域则涉及男女两性在生理、心理、社会生活、文化中的状况，最关注的是两性不平等的表现，最主要的目标是争取男女平等。

在这项调查结束的时候，可以得到这样一些结论：虽然中国社会在男女平等方面已经取得了很大的进步，但是与男性相比，女性在各个方面仍处于弱势。相比之下，有些方面已经比较平等，例如工作和收入；有些方面则差一些，如参政和管理。在家庭暴力、与性有关的领域，男权制的余毒还非常严重。尽管在立法和政策方面，中国与其他国家相比是属于比较先进的，但是习俗与观念是一种无形的力量，它对女性的压迫与禁制还是不容忽视的。在当今世界，虽然各国风俗与观念各不相同，但是许多文化对女性社会角色的规范都有相似之处。例如，把女性概括为温柔的、弱小的、驯顺的；要求女性安于次要的地位；要求女性顺从于男性；要求女性为男性的利益奉献牺牲自己；要求女性依赖于男性，等等。

为了证明女人不如男人，那些反对男女平等的人从宗教、神学中引经据典，并且从科学，诸如生理学、心理学中寻找根据。就连在人们心目中开明、进步的西方社会也不能免俗。西方的基督教文化对女性有两个重大的负面评价。第一个是将她列为万恶之首：人类最初的堕落是因为夏娃偷吃禁果所致，她是使人类被逐出伊甸园的罪魁祸首。对女性的第二个负面评价就是：她是男人的附庸，她的存在的最初理由就是给男人做伴的——上帝之所以造女人，仅仅是因为那个男人“独居不好”。就像《圣经》上说女人是上帝用男人的一条肋骨做成的那样，很多人还持有男人是完全意义上的人，而女人只是男人的变异与正态的偏离的观点。例如，亚里士多德和弗洛伊德都曾表达过“女人是不完整的男人”的思想。

传统中国文化的性别理念同西方文化不同。这种差异首先表现在中国文化视两性的分别为自然的，也能够自然地接受和承认女性及与女性有关的一切。相比之下，在西方文化中，女人从未像男人那样自然地、容易地被世界所接受，或者说，被认为是平等的、对人类有贡献的人。女性一方面被降低为男人附庸；另一方面又被抬高为虚假的理想人物。其次，东西两种文化在性别问题上的差异表现在：中国文化讲究的是阴阳调和，不仅反对阴盛阳衰，也要反对阳盛阴衰，因而其理想状态不是阳压倒阴、阳灭掉阴，也不是阴压倒阳、阴灭掉阳；而西方文化中却有强调二者之间的矛盾的意味，因此会有厌女症、仇男症一类的情绪和倾向。在中国文化中少有这种倾向。

然而，不可否认的是，传统中国社会里妇女的地位是低于男人的。这从“三纲五常”（其中“夫为妻纲”）“三从四德”（其中“未嫁从父、既嫁从夫、夫死从子”）以及男子休妻的“七出”之条（不顺父母去、无子去、淫去、妒去、有恶疾去、多言去、盗窃去）可以看得很清楚。在中国人的价值观中，阳还是比阴优越一些；即使柔弱能够胜刚强，柔、弱、暗、下毕竟是卑微的，刚、强、明、上则是尊贵的。二者虽然被认为是应当相互和谐的，但还是有尊卑上下之分。所以，中国文化中的性别理念同其他文化中的性别理念虽有文化上的差别，但是并没有完全脱离男权的藩篱。中国女性要争取到完全的男女平等，还有很长的路要走。

在2011年，我又出版了另一本性别研究的专著:《后村的女人们——农村性别权力关系》。这本书是我退休前出版的最后一本专著，是一个中规中矩的社会学调查。调查地点选在河北山东交界处的一个小小村庄。选这个村完全是因为我的关门弟子王水是这个村庄中土生土长的女孩。

王水这个学生很有特色，最早结识她是因为她是《王小波全集》的责编。这个学生完全是一个工作狂，而且自己还写小说。在研究生面试的时候，别的学生一般有一两篇出版物就很不错了，可是王水抱来了她写的、译的和编辑的八九本书，给所有的考官留下了深刻印象。这个女孩最不同寻常的是朴实至极，在我们刚认识的时候，她一反别的农村孩子会尽量回避自己出身的做法，告诉我，她每到农忙而手头能抽出空闲的时候，就会回到村里帮助父母干农活。她现在已经是一位年薪几十万的成功白领，是全村人教育孩子全都要提起的榜样，可还是那么朴实无华。有这样一位卧底线人，我的调查资料的真实性是万无一失的。

王水帮我在村中访问了一百位妇女，笔记记了厚厚一大本。在调查过程中，如果有人出于某种原因没说实话，旁边围观的姐们儿会马上“揭发”:哎，这点你可没说真话。像这样调查出来的东西可信度是相当不错的，而这正是社会调查最难解决和最易遭人诟病的一个问题:这种自述式的资料，其中与事实相符的程度究竟如何。在自述型调查中，人们出于迎合调查意图、遵从社会评价标准、掩护个人隐私等原因不说实话，这是此类调查所得资料的真实性的最大陷阱。而这项调查，因为王水的缘故，所获资料应当说是比较贴近真实情况的。为此，我必须向这位学生表达衷心的感谢。

多数的调查结果都是看上去很寻常的，平淡无奇。这是社会学调查的一个特点：它关注的是常态，而不是关注特例或者戏剧性事件。但是，即使如此，这项调查还是有一些非常有趣的发现，比如，在村里有一个习俗：妇女在来客时不可上桌吃饭，这在男女平等大潮势不可挡的当代中国，是非常扎眼的一个习俗，它反映出来的历史、文化和社会习俗的韵味是相当丰富的。真希望像这样的发现能够多一些，可惜多数情况还是大家司空见惯的常态，这真是没有办法的事情。如果我是这么不喜欢常态，当初为什么要选择做社会学研究呢？我不禁扪心自问。这也许是我学术生涯的大多数时间都花在性少数派研究的一个原因，例如同性恋和虐

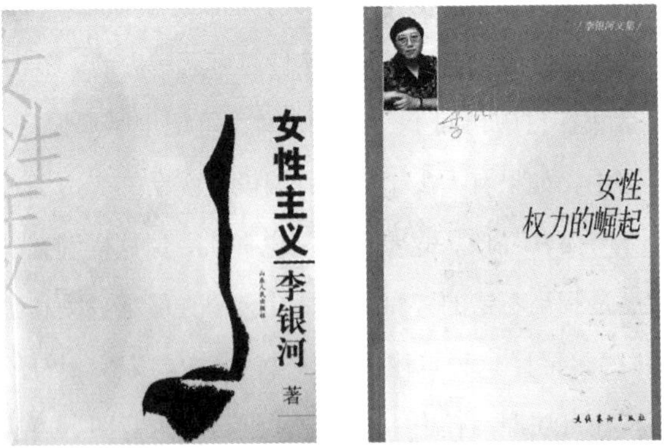

女性主义研究的代表著作

恋。这些事才能真正引起我的好奇心。而正像福柯所说，好奇心是他搞研究的一个动机。这也是我退休后去写小说的一个原因：我的心最终还是对这个世界充满好奇，受不了枯燥。我最终不得不遵从我的内心，就像乔布斯所说的那样。

在女性研究中，除了经验调查，我还做了一些资料性的工作，比如《女性权力的崛起》，就是一本资料集锦性质的书。我把当时我所能找到的女性研究方面的各种资料收集起来，分门别类做了一个综述。书的这种写法在我来说是不常见的——我比较喜欢就一个专题做经验研究。这本书可以作为女性研究的入门书，省却了读者自己去广泛阅读和查找与妇女问题有关的研究资料的麻烦。对于广大非专业的读者来说，这本书也是了解与妇女有关的各种经验研究数据和理论论争的一个捷径。

性的问题·恐龙

1999年，我出版《性的问题》一书，涵括了我在性问题上一些思考的结晶。《性的问题》是《性别问题》的姊妹篇，是我钟爱的另一个研究领域。

在不同的文化和社会中，关于性的法律有同有异，比如，强奸在各国的法律中都是受到严厉惩罚的犯罪行为，可是卖淫或者堕胎在某些国家合法，在另一些国家非法。在同一个国家，性的法律也会有变化。比如在美国，堕胎从非法变为合法；在英国，卖淫和同性恋从非法变为合法。

我在书中提到了，目前中国正在实行的与性有关的法律有两大类，一类涉及有受害人的行为，另一类行为根本没有受害人。即使前一类法律也不是全无问题的，而后一类法律更是问题多多。在中国，刑法中被规定为违法的性行为可以被分为两大类、六小类。按照有无受害人来划分，强奸、奸淫少女和侮辱妇女这三项罪名是有受害者的性犯罪；聚众淫乱、卖淫和淫秽品三项是无受害者的性犯罪。

强奸罪的立法和量刑问题不大，值得提出的两个问题。第一，婚内强奸问题。从我国的司法实践看，判定强奸罪是否成立，有无婚姻关系是一个主要因素。没有婚姻关系的强奸行为被判有罪，有婚姻关系的强奸行为被认为无罪。近年来，西方国家有人提出了“婚内强奸”的概念，这一点儿在中国还处于讨论中。反对设婚内强奸罪的意见认为，既然结为夫妻，就有与对方发生性关系的权利和义务，按照这一逻辑，婚内强奸者有权利，婚内被奸者有义务，婚内强奸罪因此不成立。赞成设立婚内强奸这一罪名的观点则认为：婚姻关系中的个人仍是有人身权利的个人，婚姻关系不能改变强奸行为的犯罪性质。

另一个是量刑问题。对强奸犯罪的重判可以说是中国妇女地位提高的一个标志。在 1949 年新中国成立以前，下层妇女受到性侵犯的情况极为严重，这一状况在建国后已有了根本的改变。但是，从跨文化的比较看，中国的量刑是比较重的，在西方国家，虽然有的国家有长达三十年的刑期，但是单纯的强奸罪（没有造成死亡的），少有判死刑的。中国本来死刑人数就多（每年执行死刑的人数占全世界死刑人数的比例，超过中国人口在世界人口中所占比例），对与性有关的犯罪量刑过重似无绝对必要。

近年来，在一些西方国家，儿童受到性虐待的问题越来越引起人们的关注。特别是乱伦的案件，不断被传媒热炒（如美国著名电影导演伍迪·艾伦与养女的关系等），还被大量改编成影视作品，以致在一些国家出现了这样的情况：人们愿意为杀人犯辩护，却不愿为恋童者辩护，因为他们怕人说：你想和一个孩子发生性关系。此类案件中多数是侵犯女童，但男童受侵犯的情况也占有相当大的一个比例。

在世界各国对奸淫幼女罪的规定中，一个重要的因素是关于“自愿年龄线”(age of consent) 的规定，即儿童被法律认为有决定自己行为的能力的年龄。低于这个年龄，即使儿童自己承认是自愿的行为，法律也不认为它是出于儿童的意愿。与低于自愿年龄线的少儿发生的性关系，无论当事人是否自愿，都视为“奸淫”。这个自愿年龄线各国有不同，有的十六岁，有的二十一岁，中国的自愿年龄线是比较低的十四岁。这也许只是历史和文化因素造成的，但是它似乎也表明，我国的法律更尊重儿童作为性主体的权利，而不是把他们仅仅当作随时会陷入危险境地的潜在受害者。这一点儿很重要，在立法思想上比许多西方国家更先进，是值得我们骄傲的。

目前在西方，出现了关于是否应当废除自愿年龄线规定的讨论。这一提议的理论依据是：承认儿童是有独立意志的性行为主体，而不仅仅是性行为的客体或受害者。在应不应当废除自愿年龄法的问题上，最重要的原则是要尊重儿童作为性主体的权利。与把儿童性行为的自愿年龄线定在十六岁、十八岁甚至二十一岁的国家相比，我们国家的法律比较尊重儿童的人身权利和性权利，但是我们的立法思想还远未达到取消自愿年龄法的高度，这是我们的法律有待改良的地方。

侮辱妇女罪包括猥亵侮辱妇女的犯罪行为，近年来又出现了性骚扰问题，主要指的是在权力不对等的情况下，有权一方利用无权方的身份地位脆弱实施性骚扰。“Me too”运动的兴起和蔓延是人们对性骚扰最广泛强烈的一次抗议。

没有受害者的违法性行为目前在中国有三大类，第一类是制造、贩卖、传播淫秽物品罪；第二类是组织、强迫、引诱、容留、介绍卖淫罪；第三类是聚众淫乱罪。在这三类行为中，前两类即淫秽品业和卖淫业在西方社会一般被视为商业化的性活动，或被称为性工业，而其中的从业人员被称为性工作者。

对英国乃至世界立法思想产生了深远影响的《沃芬顿报告》(1957 年) 提出了一个基本的立法原则：道德问题不应当属于法律制裁的范畴。他的一个基本思想是：成年人有选择和规范自己道德的能力。我认为，沃芬顿提出的这一立法原则非常重要，应当成为改良我们的性立法思想的一个原则。按照这一原则，没有受害者的违法性行为就属于个人道德问题，它不应当受到法律的制裁。中国的性犯罪法要想实现现代化并与世界接轨，对于没有受害者的性行为的法律条文是首先应当加以改革的。

第一项罪名是制造、贩卖、传播淫秽物品罪。同西方国家在开放与禁制淫秽品问题上长期争论不休的情况不同，禁制淫秽品的法律在中国从来是“没有争论”的，而且被认为是最“得民心”的。如果说权力对人的禁制在别的问题上不免有点儿“心虚气短”，在禁毁淫秽品问题上却一向是理直气壮的。

中国人几千年来一直习惯于人治，不习惯于法治，在法管人还是人管法的问题上，一向习惯于人管法，不习惯于法管人。因此，在许多人心目中，法律条文是可以说了不算的，事实上也常常是说了不算的。中国法律这种可悲的地位表现在，一个因为在家里看淫秽录像被判刑的公民，根本想不到去用宪法来保护一下自己的权利。他不知道按照宪法的规定，他原来是有权利做这件事的，他也不相信他引用宪法条文就真的能够保护自己不被违宪判罪。这就是中国宪法在涉及淫秽品这个问题上所面临的尴尬局面。

这个世界上有很多人和很多事是令人厌恶的，比如说照裸体像，还要去卖给别人；比如说那些淫秽的录像带和淫秽的扑克牌。这些事很不体面，层次很低，为趣味稍微高尚一点儿的人们所不齿。但是厌恶不可以成为法律的依据。趣味和道德不关法律的事。有人愿意过趣味高尚的生活，听高雅的音乐、看高雅的绘画、读高雅的书，他们当然有权利这样做；有人愿意过趣味低下的生活，听淫秽的音乐、看淫秽的图画、读淫秽的书，他们也有权利这样做。所谓自由就是选择的自由。人有选择高雅的权利，也有选择淫秽的权利。如果不给人选择的权利，就没有自由可言。

事实上，如果你来到中国的某个小城小镇，淫秽书刊录像随处可见，互联网上的相关网页更是无法计数。这证明了两件事：第一，选择不高雅、不体面的生活的人很多。第二，关于禁止制造、传播淫秽品的刑法条例在上述地方并没有真正实行。但是，淫秽品的泛滥并不能证明宪法关于出版自由的条款起了作用，因为每当"扫黄"一来，这些淫秽品还是要被藏起来，等到风声一过，再偷偷摸摸地摆在柜台底下卖。中国人不知道自己按照宪法的条文，也可以像丹麦公民一样，在一家书店光明正大地买一本淫秽杂志，买一盘淫秽录像带。

第二项罪名是强迫、引诱、容留妇女卖淫罪。引诱和容留卖淫都是没有受害者的行为。引诱和容留者、被引诱和被容留者都是自愿的行为者，卖淫和嫖娼的双方就更是自愿行为者了。由于双方自愿的、没有受害者的行为而被处以死刑，这在当今世界是十分罕见的。这是中国法律的耻辱。如果说一个公民的行为没有侵犯任何他人的人身权利和利益，也就是说，这是一桩没有“苦主”的行为，法律究竟出于什么原因要去惩罚它呢？只能是出于道德的原因：他们的行为虽然是双方自愿的，但是违反了社会的道德。法律在这里又在管道德的事。一个成年人、一个公民难道没有权利选择自己的道德准则吗？如果有人选择去做不道德的事，社会就有权利判他死刑吗？

中国现行的关于卖淫活动的法律中，最令人震惊的一点儿是，法律中竟然没有规定卖淫行为本身是非法的。只有卖淫活动当事人双方之外的第三方，也就是二者的媒介（强迫、引诱、容留他人卖淫者）会受到法律的制裁。但是在刑法之外的“规定”中，卖淫行为要依照《治安管理处罚条例》第30条的规定处罚。在研究中国有关性的法律的过程中，我才意外地发现，原来卖淫在中国是合法的，只能算是一种违反治安管理规定的行为。

当然，卖淫在一些欧洲国家还是合法的，有的是从非法转变为合法。例如在英国，自1957年沃芬顿委员会受政府委托研究了关于卖淫和同性恋的法律之后，英国法律改变为只制裁强行拉客行为，不制裁卖淫行为本身。

到目前为止，由于卖淫不违反中国的法律，对妓女一般不采用判处自由刑的办法，惩罚办法只采用了收容、行政拘留和罚款三种。我在浙江温州调查过“妇女教养所”的情况，其中收容卖淫妇女时间最短半年，最长两年。各地都有这样的教养所。

收容制度是中国特色，它收容的是没有违法、不够判刑条件的人，它对被收容者的处罚也不像对违法判刑者的处罚那么严重。惩罚卖淫者就是收容制度最适合的用场——被收容者没有触犯法律，但是又要略加薄惩。如果有人批评说（的确有国外的女权主义者就此提出批评）：不应当逮捕妓女，把她们关进监狱，因为她们是性工作者，她们的行为方式没有侵犯任何人，她们的行为没有受害者；我们就可以回答说：我们没有把她们投入监狱，也没判刑，那不过是一个收容所，她们不过是受到收容的处罚。

然而，把没有犯罪、没有判刑的人拘禁在一个地方，不给他们自由，严格地讲是违法的，违反了宪法关于人身自由权利的规定。在这里，治安规定（不是刑法）与宪法有矛盾，应当或者修改这种治安规定，或者修改宪法，这就同前面讨论过的当某个具体刑法条文与宪法发生矛盾时的情形十分相似，分析的逻辑也很相似。

有社会学家设想了解决卖淫问题的五种政策选择，并研究了其利弊：

1. 使卖淫非法化，采取法律手段将卖淫活动彻底消灭。这一政策注定失败，仅仅缺乏警力这一项原因就能使非法化的设想难以有效实施。这一政策所带来的社会问题（黑社会插手非法行业、警察腐败等）比它想解决的问题更糟，不仅违反了所有的历史经验，而且侵犯了个人隐私权，忽略了男女两性的生理需求和欲望。

2. 使部分卖淫活动非法化，如仅使主动拉客的卖淫活动非法化。英国的法律就是这样。这种法律会使嫖客及高级应召女郎逍遥法外，会使法律成为有阶级偏向的法律，而不是对所有的人一视同仁的公平的法律。

3. 使卖淫合法化并对其加以控制，主要理由是为了防止性病传播。但是合法化并不能防止性病传播，还产生了新问题：它使卖淫成为固定职业，使一些本来只是短期从业者变为长期从业者，使警察权力过大，因为他们控制营业执照，会阻止妇女改换职业，在她们想改换职业时讹诈她们。

4. 建立"红灯区"，使警察较易控制卖淫活动。这种做法也有两个不利因素，一是各个社区的居民们都会提出"不要在我们这个地区建红灯区"的抗议，那么红灯区究竟应当建在哪里呢？二是如果在这些地区加强警察控制，娼妓会转移到其他地区，还会造成人们的行为在同一个城市中某些地方违法、在某些地方不违法的混乱局面。

5. 成年人之间的自愿的性活动的非罪化，不论其中有无金钱交易。这是最佳方案，最大的好处是可以节省大量警力去对付有受害人的犯罪。娼妓可以在地下刊物中做广告，可以在按摩房、成人书店或特殊伴侣机构找到顾客，可以建立性俱乐部。这样就使那些想找娼妓的人能找到他们，同时也使不想找他们的人能够避开他们。

如果最终目标是消灭卖淫，那么非罪化是最佳途径。有一位女代表在人大会上提出了相关提案。虽然最终没有得到批准，但是毕竟把这个议题在人大提了出来。

性压抑是控制一般人生活的策略。无论改革派还是保守派都不敢攻击其他自由权利，但都攻击性自由和性权利，其中就包括商业性活动。在所有的自由权利中，性自由和性权利在中国是最脆弱、最容易受到攻击的。其他自由权利不管有还是没有，总没有人敢公开说，它是不该有的。但是性自由权利却是人们敢于公开宣称“不该有”的一种权利。

卖淫问题的确涉及人的自由权利问题，但是中国人从来不会从这个角度提出问题，人们在“有权利”和“没权利”这两种看法中，总是习惯于首先接受“没权利”的看法。这是因为我们从一出生，就生长在一个很多事都没有权利的环境中，所以习以为常，不会再按照“有权利”的思路去想问题。不信你问一个人“人有没有权利按自己的意愿处置自己的身体”，大多数中国人的第一反应准是“没有”。所以在中国才不会有关于妓女权利的讨论，才不会有关于卖淫问题的讨论。人们甚至都没有注意到，卖淫行为本身是不违反中国刑法的。

第三项是聚众淫乱罪。如果说淫秽品和卖淫两项虽然没有受害者，但却属于商业化的性活动，那么“聚众淫乱”就不仅是无受害者的性活动，而且没有商业性，只不过是一些个人违反社会习俗的私下行为。这类行为的处理是现行刑法与性有关的法律条文中问题最大的一项。在此类活动的参与者全部是自愿参与的前提之下，法律绝不应当认定为有罪。因为公民对自己的身体拥有所有权，他拥有按自己的意愿使用、处置自己身体的权利。这是中国所有与性有关的犯罪判决中问题最大的一类。所谓“群奸群宿、聚众淫乱”不过是西方社会正常生活中屡见不鲜的“性聚会”(sex orgy) 而已。西方二十世纪七十年代兴起的一种换偶活动 (swing) 在中国也有一定规模。在西方报刊的广告栏中，经常可以看到希望进行换偶活动的人寻找伴侣的广告，有时是两对夫妇相聚换偶娱乐，有时是多对夫妇进行此类活动。如果他们知道在中国，他们这类活动的举办者要判死刑（二十世纪八十年代有死刑案例），参与者要判无期徒刑和十五年徒刑，一定会大惊失色。如此判决实在骇人。

2011 年，南京换偶案的审判引起轩然大波。马先生是南京一所大学的副教授，组织一群人开展换偶活动，事情曝光之后二十二位涉案人被捕，马先生被以聚众淫乱罪判处三年半徒刑。我在网上看到马先生手捧“换偶无罪”的手写标语牌，觉得这人非常有趣。在宣判之前，他的律师找到我，马先生还跟我通过一个电话，听上去这个人真是书生气十足。他很认真地跟我争辩说：如果有两个人在打架，旁边观看的人能算参加打群架吗？他的逻辑是雄辩的，但也是可笑的。他的意思是在较一个真儿：在换偶活动中，如果只是两个人的性活动，在不同的房间，而不是三人同时做事，怎么能叫聚众淫乱呢？

问题在于，首先，聚众淫乱罪才不管你是几个人同时参与一桩性活动这种具体情节，所有参与者，包括没有性活动只是望风的、提供场所的，都要入罪。我知道二十世纪八十年代初山东济南省委大院的一个聚众淫乱案例，有四个人被判死刑，我哥哥的一个小学同学仅仅因为提供作案场所而被判刑一年，服刑期间他的老母亲因悲痛过度而去世，十分凄惨。相比之下，现在只判了三年半，已经算是轻多了。

其次，换偶活动在世界上是一种少数人特殊形态的性活动，在统计上占有一定比例，比如二十世纪七十年代在美国占全部夫妇的 2%～4%，后来比例更高；在意大利参与过换偶活动的占全部夫妇的 25%。在中国比例可能小些但是也并非罕见，一些换偶网站动辄注册会员达几十万人，法不责众的局面早已形成。此外，我在性学调查中发现，民间存在大量三人以上的性活动，多数情况是两人做事，有旁人观看；少数情况是三人以上的性活动。按照聚众淫乱罪的构成要素，这两种情况均须入罪，如此量刑怎能不陷入法不责众的境地？

再次，所谓聚众淫乱罪是一个带有反性价值观色彩的罪名："淫乱"一词并不是对人类某种行为的客观称谓（就像"谋杀""抢劫"那样），而是一个加上了贬义价值评价的主观称谓（就像说"残忍的谋杀"或者"可耻的抢劫"一样，听上去哪像严谨的法律用语？）它指的只不过是三人以上的性活动而已，而为什么性活动就只能两个人参与，不可以包括三个人、四个人，或者只是一个人？从法理上、从生理和心理的可能性上、从人际关系可能性上全都提不出绝对令人信服的理由，只不过是一种来自习俗和道德观念上的规定而已。而将公民的此类行为入罪最无法服人的地方在于，它是一桩没有受害人的、全部参与者均出于自愿的人类性活动。正如事件发生后，美联社驻京负责人在我家采访时提出的一个发人深省的问题："政府判马先生有罪究竟对谁有好处呢？"问题就在这里：当我们判一个强奸犯有罪时，我们是为被强奸、被伤害的人讨回公道，那么在一桩没有受害人的所谓"罪行"中，我们究竟为什么要去惩罚呢？只能是为了社会道德观和价值观。而用刑法惩罚人的某种道德观和价值观是绝对错误的，无论信奉这种道德观和价值观的人是多么少，在一般人眼中是多么匪夷所思甚至恶心、不堪入目。不可用刑法来惩治他们的原因就在于这种行为没有伤害他人。这个道理不是显而易见的吗？

迄今为止，在有关性的立法思想中，最为激进的一种观点是福柯提出的"性在任何情况下都不应受到任何法律的制裁"。根据福柯的考证，法国拿破仑三世的法典上根本没有任何关于性犯罪的条文，直到二十世纪六十年代，法国的性法律才开始转向压抑的方向。福柯指出，"在 1787 年至 1788 年，革命法实际上删除了所有的性犯罪条文。我确实认为，拿破仑时期的社会虽然在某些方面相当严厉，其实是相当宽容的。""1810 年的刑法极少涉及性，好像性不关法律的事。只是在十九世纪，尤其是二十世纪，性立法才变得越来越压抑。"在提出"性不关法律的事"这一性立法思想时，福柯认为只有两个方面有些问题，那就是强奸和涉及儿童的性。但是如果把强奸和违背儿童意愿的犯罪判定为伤害罪，这两个问题就可以解决，任何性行为都不应受法律制裁的立论就可以成立。

与福柯的设想相比，中国的性法律实在是过于严厉，道德惩戒的性质也过于明显了——一群少男少女的游戏或一群成年男女出于自愿的性聚会既不伤害社会、他人，也不伤害他们自身，社会干涉这类行为的理由显得极不充分。这种干涉的唯一后果是使法律变成某种道德的工具，从而伤害法律的形象本身，也伤害社会生活的轻松气氛，特别是伤害这些案件当事人的自由权利。难道在二十一世纪的今天，他们还像前现代的人那样没有处置自己身体的权利？难道作为一个成年人，他们还没有自主决定自己性行为方式的权利？

在当今世界，各国都在探索改革有关性的法律的途径。在我心目中，这一法律改革的最高境界就是福柯所反复论述的：任何形式的性行为都不应当受到任何法律的惩罚。强奸和对儿童的性侵犯可以视同于伤害罪加以处置。性不关法律的事。它或者属于道德的范畴，或者属于人们可以自由选择的生活方式的范畴。而法律不应当干涉道德范畴之内的事，更无权干涉人们自由选择的生活方式。

在福柯那个时代，对性道德提出过激进批评的哲学大师罗素指出，哲学可以“提出许多开阔我们思想的可能性，使之从风俗习惯的暴君统治下获得自由”。社会学也是这样。我希望通过自己对于现行性法律的批评，开阔人们的思想，使人们从一向被当作天经地义、“自然而然”的风俗、习惯、道德、法规的统治之下获得自由。我们要想在现实中获得自由，首先要让自己的思想获得自由。如果我的分析和批评能够激发人的自由思想，使人们意识到自己的不自由，并去积极地创造自由的生存环境，我将感到莫大的欣慰和满足。

我希望通过自己的研究推动中国涉性法律的改善，我甚至想用后现代理论最忌讳的一个词——进步——来说明我的目标。因为虽然文化相对论告诉我们，不同的文化、习俗、规范和法律都有它自己存在的价值，但是我所引用的那些令人啼笑皆非的案例不能不令人发出这样的感慨：我们有些法律和规范实在是太过原始，太过野蛮，太过落后。用我后来常常使用的一个比喻来说，它们已经是一些活着的恐龙了。对它们的批判和改变甚至已经不再属于“相对合理”的范畴，而是属于“绝对进步”的范畴了。

总之，在这部出版于上世纪末年的专著中提出的一些观点，在过了二十年之后的中国社会仍然被认为是“前卫”和“先锋”的（这是褒义的说法，贬义的评价是“超前”），仍然常常成为社会论争的焦点，尤其是聚众淫乱法、淫秽品法和卖淫法所引起的问题，仍旧隔三岔五登上新闻头条，被人们热议。这几项法律法规一方面常常受到社会舆论的挑战，另一方面已经渐渐淡出社会的性行为规范。所谓“淡出”有两个标志：一个是依据这几项法律所判决的案子越来越少，一年也没有多少起，尤其是因聚众淫乱这一罪名入罪的案件已经很少听说；另一个标志是这三类案件的量刑有大幅度下降。在二十世纪八十年代初的严打时期，有聚众淫乱案被判死刑的情况；在二十一世纪初南京马先生换偶案中，已经减低至三年半徒刑；最近一件男同性恋性聚会案，只判了三个月拘役。在二十世纪八十年代，每年都有淫秽品商贩被判死刑的案例，近年来见到的一起适用淫秽品法的案件，罪犯只判了四个月拘役（北京一位二十四岁的女青年因在互联网上传淫秽小说点击量过万而获罪）。直到上世纪末年，还发生过淫媒被判死刑的案例（某洗浴中心女老板因组织容留卖淫罪被判死刑）。目前的处置方法一般只是关停此类营业场所以及对卖淫嫖娼人员实行罚款和收容教育了。

我们可以看到，一些符合当前社会状况的管理办法正在被采纳，这些社会变迁令我对中国最终革除这些“中世纪”的法律，进入现代社会抱有乐观估计，这一乐观态度肇始于二十世纪八十年代的改革开放。只要稍稍留意观察，就可以看出，从那时到如今，中国的政治、经济、社会已经发生了多么大的变化，变化之大已经让年轻一代比如八零后、九零后人群对曾经实实在在发生过的事情感到匪夷所思，难以置信，例如对换偶者执行死刑这种事。我对社会变迁及其发展趋势因此抱着乐观的态度，相信只要假以时日，社会管理将变得越来越合理，人们的生活将变得越来越快乐。即使中间有小小的回潮和反复，大趋势不会变，用得着一句老话：“前途是光明的，道路是曲折的。”而我的工作在其中的作用，就是在社会的发展出现偏差的时候，尽自己的绵薄之力，把它拽回正确的方向。当然，我深知，个人的力量是渺小的，有时看上去就像螳臂当车，什么作用都没有。但是好在中国如今就像一架驶上了正确方向的车，并不需要我们去挡，只要按照世界发展进步的潮流推波助澜就可以了。

酷儿理论·旧金山

2000年出版的《酷儿理论——西方90年代性思潮》一书，是我的一部译文集。其中所有的篇章都是我1999年在美国加州大学参加性别问题研讨班期间搜集到的。在这个研讨班上，我有幸会见了文章被收入书中的几位作者，如葛尔·卢宾和朱迪斯·巴特勒，亲耳聆听了她们的高论。那次，我们住在加州大学桑塔克鲁斯分校，校园美丽至极，有大片的草地和森林，教学楼就散布在林木之间。站在校园的小山上，可以看见不远处大海的闪光，在林木间偶尔还可以见到小鹿在徜徉，宛若仙境。

1999年，我参加加州大学性别问题研讨班时做的翻译文集

我利用有限的逗留时间，跑到卢宾的班里去听过课。记得她在课

上放了一段旧金山女同性恋酒吧的录像带——她的课是关于女同性恋的研究。她对虐恋的研究也很有名，我看到过她对旧金山虐恋俱乐部“地下墓穴”所做的人类学研究及调查报告。她曾经的一位女友帕特·柯丽菲亚是虐恋的活跃分子和著名作家，她本人也是一位大张旗鼓的虐恋爱好者，据说她家的地下室就装修成刑房的样子，专为做虐恋游戏用。卢宾这个人非常有意思，活得率性自由、随心所欲。她出生在巨富之家，没有生存压力，所以其他在大学教书的人为了获得终身教职一定要出书，可是她则偏偏不爱写书，只写论文。但是她的论文引用率极高，有极高的学术声誉，例如《妇女交易》(*The Traffic of Women*)，再如《关于性的思考》(*Thinking Sex*，这篇论文是我翻译的《酷儿理论》一书的首篇)。而且她认识福柯，我猜她向福柯介绍过旧金山的虐恋活动状况，因为福柯也是一个虐恋爱好者。

朱迪斯·巴特勒名气很大，听了她一个讲座，几百人的大厅坐得满满当当，还有人在过道上席地而坐，在门边也挤满站着的听众。见到了巴特勒和她女友的小孩，一个长得像洋娃娃一样的小姑娘，七八岁的样子，据说是她的女友去精子库人工授精生的孩子，跟她们俩算有一半的血缘关系。她的女友也是大学老师，但是没有她那么有名。不知是笑话还是真事，传说她去受精时，严密考察了精子提供者的生理和心理状况，据说还请他写了一篇文章，以检测他的智力水平。或许是因为两位都是大学者，不希望生出个智商太低的孩子吧。女同性恋和她们的孩子有时会遇到一些麻烦，听她们说，有次过海关，海关官员一定要问谁是父亲，对一个婴儿和她的两位母亲这种关系不能接受。可这正在成为事实啊。在那些年，美国只有知识分子和高校最集中的马萨诸塞州批准了同性婚姻，而仅仅十几年时间，美国批准同性婚姻的州已经激增至三十七个，眼瞅着就要“祖国山河一片红”啦。2017年美国联邦法院终于批准了同性婚姻，那些反对同性婚姻的州也不得不修改法律跟进，同性婚姻之争终于在美国全境以LGBT群体（女同性恋者、男同性恋者、双性恋者、跨性别者）的胜利告终。

从二十世纪九十年代起，西方那些在性和性别领域的越轨分子（同性恋者、双性恋者、易装者、易性者、跨性别者、虐恋者、无性恋者等）开始自称为“酷儿”，所以有人在LGBT后边加了一个Q（queer），变成了LGBTQ。在我看来，酷儿身份形形色色，酷儿理论千头万绪，归根结底就是一句话：自由地按照自己的本来面目生活。在中国，我常常痛感自由的稀少。我愿意让我的研究生涯和我的话语像一股自由的飓风，吹开中国人拘谨、压抑、麻木的心灵之窗，使我们从此能够自由地生活，自由地呼吸。

酷儿理论不是指某种特定的理论，而是多种跨学科理论的综合，来自历史、社会学、文学等多种学科。它是一种自外于主流文化的立场：这些人和他们的理论在主流文化中找不到自己的位置，也不愿意在主流文化中为自己找位置。“酷儿”这一概念作为对一个社会群体的指称，包括了所有在性倾向方面与主流文化和占统治地位的社会性别规范或性规范不符的人。酷儿理论就是这些人的理论。

酷儿理论有哪些主要的观点和主张呢?

酷儿理论的第一个重要内容是向异性恋和同性恋的两分结构挑战，向社会的常态挑战。所谓常态主要指的是异性恋制度和异性恋霸权，也包括那种仅仅把婚内的性关系和以生殖为目的的性行为当作正常的、符合规范的性关系和性行为的观点。对于学术界和解放运动活跃分子来说，把自己定义为“酷儿”，就是为了向所有的常态挑战，其批判锋芒直指异性恋霸权。

酷儿理论的第二个重要内容是向男性和女性的两分结构挑战，向一切严格的分类挑战，它的主要批判目标是西方占统治地位的思维方法，即两分思维方法。有些思想家把这种两分的思维方式称作“两分监狱”，认为它是压抑人的自由选择的囹圄。

第三，酷儿理论还是对传统的同性恋文化的挑战。酷儿理论不仅要颠覆异性恋的霸权，而且要颠覆以往的同性恋正统观念。酷儿理论提供了一种表达欲望的方式，它将彻底粉碎性别身份和性身份，既包括异性恋身份，也包括同性恋身份。酷儿理论向男女同性恋身份本身质疑，批评静态的身份观念，提出一种流动和变化的观念。这一理论不把男女同性恋身份视为具有固定不变的内容的东西，而将身份视为弥散的、局部的和变化的。

第四，酷儿理论具有重大的策略意义，它的出现造成了所有的边缘群体能够联合起来采取共同行动的态势。酷儿理论相信民主原则在个人和个性的发展中也同样适用。酷儿政治建立了一种政治的联盟，它包括双性恋者、异性者、女同性恋者和男同性恋者，以及一切拒绝占统治地位的生理性别、社会性别和性体制的人。酷儿政治接受所有认同这一新政治的人，不论他们过去有着何种性身份、性倾向或性活动。

最后，酷儿理论出现于后现代思想盛行之时，与其有着千丝万缕的联系。酷儿理论的哲学背景是后结构主义和后现代理论。后现代理论是遇到最多误解的理论，例如，它常常被人们误解为要取消一切实际行动和现实斗争。因为它解构了所有的“宏大话语”，解构了所有的分类和身份，因而取消了所有现实斗争的可能性。其实，酷儿理论具有强大的革命性，它的最终目标是创造新的人际关系格局，创造人类新的生活方式，它的做法是向所有的传统价值挑战。

酷儿理论是一种具有很强颠覆性的理论。它将会彻底改造人们思考问题的方式，使所有排他的少数群体显得狭隘，使人们获得彻底摆脱一切传统观念的武器和力量，因此具有强大的生命力。

我至今还记得，卢宾对我们讲述在西方女性主义者当中发生的“性论战”的情景。那个研讨班给我留下了美好的印象，而这本译文集就是我对那个研讨班的一个记忆方式。

性学入门·科普

《性学入门》是在我退休后才出版的一本科普书。这本书的出版史也是一波三折。早在十多年前,北大出版社出版了一套“是什么”系列书，例如《哲学是什么》《经济学是什么》等等，编辑约我写一本《性学是什么》，可成书之后，出版社认为这个话题过于敏感，就毁约了。直到2014年这本书才得以出版，它的出版见证了中国性学研究专著出版尺度的放宽。

性学是一门年轻的学科，其他学科（例如数学与天文学）大都创始于欧洲的文艺复兴时代，而性学出现的时间很晚，从出现到如今才不过一百多年的时间。

这本书将性学概括为四个层面加以介绍：

首先是个人层面。

人类的性欲望是如何形成的？性学家在这个问题上有多种理论，有的偏重生理基础；有的则更强调心理基础；有的认为性欲望是人类生理力量的表现形式或延伸；有的则认为性欲望主要是通过各种心理和社会机制获得的。性的欲望的个体差异非常之大，其中既有欲望大小的差别，如有的人性欲强烈，有的人性欲微弱；又有欲望指向的差别，如有的人指向异性，有的人指向同性。欲望的大小主要是一种量的差别；而欲望的指向则带有质的差别的意味。

人类性欲的载体是身体的多种器官，而不仅集中于生殖器官。人类身体上对于性的刺激赋有敏感性的部位被称为性感带。性感带除了生殖器官外，还可以包括口、舌、乳头、耳、颈、腋、手指、肛门、大腿等。人类的性快乐也可以被分为两类：一类是刺激性器官和性感带所带来的快乐；另一类是性交的快乐。将性快乐仅仅视为性交的快乐是不确切、不全面的。

人类的性倾向是丰富多彩、形态各异的。虽然人们一度将所有不属于异性恋范畴的性倾向一概斥为“变态”“反常”，但是现代性学大多只是称其为“非典型性性行为”或“非典型性性倾向”。概括地说，被认为偏离了异性恋“正轨”的性倾向包括恋童、恋兽、恋物、异装、恋尸、窥阴、露阴、秽语、施虐、受虐等。这些性倾向的一个最显著的特点是：通过异于常态的幻想和行为来获得性刺激，获得性唤起。

目前，性学对于各种典型性性倾向之外的性倾向并不一概视为变态，因为许多典型性性倾向当中也都有程度不同的非典型性性表现。只有当一种性倾向具有绝对的排他性和固置的特征时，性学才把它单列出来作为非典型性性倾向。然而，按照这个逻辑，绝对排他和固置的异性恋倾向也应当被视为变态才是，正常的性应当是一种没有固定宣泄对象和宣泄途径的原始冲动或称原欲。

社会对于性少数族群的态度因文化和时代而不同。其实，个人的性倾向只要不伤害他人，就完全是个人的私事，也是受宪法保护的公民权利，应当得到保护而不是歧视和惩罚。对具有非典型性性倾向的少数人的保护，不仅对少数族群有利，也是提高整个社会文明程度的举措，有利于提高一般人群的素质，实现社会和谐。如果把形形色色的非典型性性倾向当作不道德的行为来看待，则既不能真正制止这些特殊的倾向，又破坏了整个社会的和谐气氛。保护则少数族群与一般社会双赢，打击和歧视则二者双输，这就是当今性学提倡慎重对待性少数族群的原因。

人类性反应周期始于渐增性性兴奋，终止于性欲高潮，同时伴有性满足感。这一过程可划分为几个阶段。二十世纪初，埃利斯根据男性性欲高潮前后出现勃起和勃起消退的现象，将人类性反应周期分为膨胀和消退两个阶段。其后，马斯特斯和约翰逊将人类性反应过程划分为四个阶段：兴奋期、平台期、高潮期、消退期。性反应周期中各阶段的持续时间差别很大，兴奋期和消退期最长，平台期次之，高潮期最短。研究表明，经验和训练在性反应模式中占有重要地位。性刺激和性反应模式不是与生俱来的，而是通过文化的实践逐步形成的。在这些经历中，人们学会了在刺激与反应之间建立联系。

金赛将人类获得性高潮的途径概括为六种：自我刺激、夜梦射精、异性爱抚、异性性交、同性性行为、与动物的性行为。这六种方式的总和构成了个体总的性释放。这六种途径中的任何一种，对某个体的性释放总体状况都发生着大小不同的作用，如果将多种途径排列组合，则具体个人的释放模式具有无限的可能性。

在个人层面，性学所做的事情还有各种性障碍的治疗。在这个层面，性学涉及的主要是生理学甚至医学，尽管在治疗中也会涉及一些社会的理念和关系。

其次是社会层面。

在社会层面，性与爱情、婚姻、生育、文化习俗以及道德观念有着密切的关系。性虽然首先属于个人的、生理的范畴，但是也同时属于社会的范畴。

性与爱情的关系是一个光谱样的谱系：在有些时代和社会中，性与爱毫无关系；在有些时空条件下，性与爱有着某种不同程度的关系；而在另一些时空条件当中，性与爱极其紧密地联系在一起，完全不可分。换言之，对于某时某地的人来说，爱情的对象是或不是性交的对象。对某些人来说，两者不可分割；对另一些人来说，两者毫不相干。爱与性的关系取决于不同的社会态度和价值观。由于爱与性有着如此重要的关系，爱也就成为性学的一个研究领域。

婚姻制度是一个具有绵长历史的对人类性活动的控制机制。性的控制机制一般包括三个方面：第一，允许、鼓励或强迫人们在某些习俗关系中发展亲密的性关系，如在求婚、纳妾和婚姻关系中。第二，不鼓励所有其他情况下的性关系，例如某人不是一个合适结婚的人选或者已经与他人建立了亲密关系。第三，严禁在违规的情况下发生的性关系，如乱伦禁忌。许多文化都有类似的规定，规定婚姻之内的性是人类性欲唯一合法的宣泄途径，这就使婚姻成为规范人类性活动的一个最主要的制度。

对大多数人来说，婚姻提供了性活动的基本条件。在有些社会的行为规范中，婚姻是性的唯一合法渠道，婚姻之外的性一概受到排斥或谴责。一个典型的例子就是二十世纪五十年代至七十年代的中国，在这三十年间，婚姻之外的性行为几乎完全绝迹，结婚状态被视为性宣泄的唯一合法形式。当然，通奸和卖淫虽然在严厉打击和各种行政措施的压制之下，已经减少到人类所能想象的最低限度，但是并没有完全绝迹，人们身边时有发生的对所谓“作风问题”的行政处罚就是此类行为依然存在的证据。

除了这样的特例，在大多数社会和大多数时代，性交虽然是已婚者主要的性宣泄渠道，但不是唯一的。在金赛的样本中，已婚男性的性发泄，婚内性交占85%，剩下的15%是靠婚外性交、同性接触、手淫、梦遗来满足的。

人类社会对于与性有关的犯罪做过各种各样的规定，这些规定随时代和文化的不同而异。比如，强奸在各国的法律中都是受到严厉惩罚的犯罪行为，可是卖淫或者堕胎在某些国家合法，在另一些国家非法。在同一个国家，性的法律也会有变化，比如在美国，堕胎从非法变为合法；在英国，卖淫和同性恋从非法变为合法。

在各种文化中，曾经涉及法律惩罚的性行为包括如下三大类：

第一类是伤害个人人身权利的犯罪，其中包括强奸、强迫肛交、与儿童发生性行为等。

第二类是侵犯他人隐私权的犯罪，其中包括多种发生于公共场所的性行为：露阴、窥阴、抚摩，发生在公园、剧场、公共汽车上和私人汽车上的性行为。

第三类是无受害者的犯罪，其中包括手淫、相互手淫、肛交（有的国家会判二十五年至六十年徒刑）、通奸（当事人未婚一方所受惩罚比已婚的一方要轻）、淫荡（勾搭异性）等。在中国和其他一些国家的法律中，无受害者的性犯罪还包括卖淫、传播淫秽品和聚众淫乱。

在性与文化的关系中，性的动机是个重要问题。人类的性动机可以被高度概括为三种：生育——繁衍后代；关系——建立与另一人的亲密伴侣关系；娱乐——享受身心的快乐。在不同的文化中，这三种动机被置于不同的地位，给予不同的评价，赋予不同的价值。

对性生活模式的比较分析表明，某个社会的性道德、性习俗实际上是非常巩固的。我们现今的性模式绝不是可以任由我们自己创造或改造的，在任何一种文化中，它都深深地植根于历史中，植根于某些深层的思想观念中。中国人现代的性观念就带有古代性文化的印记，例如阴阳和合的观念。在中国古代的男女关系观念中，阴阳和合是一个最重要的思想，它是性，是爱，也是生育的源泉。在阴阳的结合中，新的生命被孕育。中国的性文化认为，阴阳两极的原则在自然界不仅存在于动植物之中，也存在于所有的对立力量之中，存在于天与地、夜与昼、灵与肉之中。

世界上不同的文化和不同的时代有不同的性道德，高度概括起来却只有两大家：反性的道德观与褒性的道德观。

再次是政治层面。

无论在西方还是在今日中国，对人类性活动领域的探讨和论争都达到了空前的程度。与性有关的许多问题已经成为政治的角斗场。一个又一个新出现的性问题不断成为政治斗争的焦点问题，有关性问题的争论已经日益走向整个现代社会权力运行的中心。

人口与优生学问题是性在政治领域最早受到广泛关注的问题。这两个问题之所以成为政治问题，原因在于它们已经不仅仅是个人的行为，无数个人的分散的行为已经造成了社会性的后果，成了关系到国计民生的政治问题。

性别政治。性与性别既是两个不同的研究领域，又有着密切的关系。比如说，跨性别倾向 (transgender) 就和易装、易性、同性恋、异性恋问题联系在一起。在我们解构二元结构时，既要解构同性恋与异性恋的二元结构，又要解构男性与女性的二元结构。这样性问题就与性别问题联系在一起了。

从女性主义角度来看，性的问题的重要性首先表现在性与男女两性权力结构之间的关系。在性与性别的关系中有一个引起长期争议的命题，那就是：男尊女卑的社会不平等是由女性的性状态造成的。这种说法将女性在男权社会中处于劣势的原因归咎于女性的性状态。从性推演到情，男权社会将女性的生活领域圈定在性与爱的范围内。这种传统观念认为，爱情在异性恋关系中有着重要的地位，女性除了比男性更看重性之外，也比男性更看重爱情。性与爱对于男性只是生活的一项内容，但是对于女性却是生活的全部内容。这正是那个时代和社会对女性与性的关系的传统看法。

可是在当今世界上，在女性普遍参加社会劳动的现代社会中，女性绝不会不关心性爱之外的事情，男性也并不像持这种观念的人所认为的那样不喜欢性爱。对于属于私领域的性和爱情，男性的关注和投入并不比女性稍差。性和爱仅仅是女性的领域这样的看法也不再适用，社会劳动和各种创造性人类活动绝不再仅仅是男性的领域。

在性别领域，性学最为关注的另一个问题是女性的性权利。对于女性享受性快乐的权利，男权制的意识形态一直是持否定态度的。法国学者伊丽加瑞是女性主义中最早关注性问题的学者之一，她说，女性性欲的特殊性还从未被承认过。两性的性都是从阴茎中心主义的角度被理解的，都是追求快感的。而其实女性的性欲是多重的、非中心的、弥散的。女性有多种性感受器官，因此有多重性快感，不仅仅是单一的生殖器性高潮。

在同性恋政治中，一个最重要的共识是："同性恋"这个身份是性学在十九世纪末的治疗和话语实践中发明的一个新概念。同性恋在那时被首次诊断为变态性行为、性倒错。在此之前，虽然同性恋现象大量存在，但是同性恋这一身份并不存在。

最早的同性恋抵抗运动于十九世纪末发生在德国。二十世纪六十年代开始的同性恋解放运动更是使同性恋问题从个人性倾向层面的问题一跃成为西方社会中重大政治斗争的前沿。同性恋解放运动的最初成果是这一特殊性倾向的非病理化。自从十九世纪同性恋被性学视为疾病以来，性学界对同性恋的看法经过了一个从病理化到非病理化的演变过程。

近几十年，在同性恋政治的基础上，身份政治在西方社会中成为一个越来越流行的概念。身份政治有三种立场：第一种是本质主义的立场，主张性倾向就是一种实实在在的生理和社会身份；第二种是反本质主义的立场，主张解构由性倾向构成的身份分类；第三种是策略本质主义的立场，主张将承认性倾向身份的存在仅仅当作一个暂时的策略，从性少数族群的长远利益出发，还是应当最终消解按性倾向划分的身份。

在性学研究领域，围绕色情行业争议最大的问题是卖淫问题和淫秽品问题，论战各方的分野不仅有保守派和革新派，还有女性主义内部的激进派与自由派。

在卖淫问题上的论争长期以来一直是性政治中的一项重要内容。对卖淫现象，社会的接受程度在不同的历史时期、不同的文化和社会都不同，甚至在同一个社会的各派政治力量中也有不同。反对卖淫合法化的人认为，即使作最好的解释，卖淫也是一种并非出自自愿的罪恶；赞成卖淫合法化的人则认为，制定法律根除卖淫不仅在历史上从无成功先例，而且并没有足以服人的理由。

在性工作问题上，女性主义的目标应当分为策略（短期目标）和战略（长期目标）两个层面：从策略上，应当争取性工作的非罪化，以将伤害减到最低（拿非法化使性工作者受剥削与非罪化相比，两害相权取其轻）；从战略上，应当争取提高女性的政治、经济和社会地位，争取男女平等的最终实现，以最终消灭卖淫。

淫秽品问题也是性政治中长期争论的一个议题。如果回看历史，中国、日本、印度等东方国家早就有春宫画存在，这是淫秽品的鼻祖。在西方，也是早在十八世纪初就有淫秽书刊在英国印行。目前在世界大多数国家，淫秽品的出版和发行都是合法的产业，淫秽品本身被视为人类想象的产物，属于宪法言论自由条款保护的范畴。最多只是有一些年龄的限制——不许将淫秽品卖给青少年。对于成年人，观看淫秽品的权利是公民权利中的一项内容。

总之，在淫秽品问题上的对策应当注意两个原则：言论自由的原则和男女平等的原则。由于淫秽品是人的幻想的产物，是言论而不是行动，为了尊重和维护宪法言论自由、出版自由的原则，淫秽品应当合法化。与此同时，我们也要反对淫秽品中男权主义、性别主义的内容，追求淫秽品中的男女平等标准，就像我们要反对小说、电影中的性别主义偏向一样。只有这样做，才能既满足人们的性需求，又不会降低男女平等的程度。

从西方世界的情况看，二十世纪五十年代以前是处于性的保守传统时期；二十世纪五十年代开始了一轮性革命；到二十世纪八十年代保守派上台和艾滋病的发现导致了性的反革命；到二十世纪九十年代又开始了一轮新的性革命。在西方社会所经历的这两次性革命中，第一次更重数量，以人们平均性活动频率的大量增加为其特征；第二次重质量，以多元的性和安全的性为其特征。中国的性变革进程与西方相差二十年，有时方向是相反的。在西方二十世纪八十年代进入保守时代时，中国由于开始改革开放，开始进入性革命期，目前这个趋势有愈演愈烈之势。

性的多元化过程表现为人们对多元性模式的包容性的增加。人们正在逐渐接受性的多元化这个事实。人们有着不同的需求和愿望，他们生活在不同类型的家庭里，有着各种不同类型的关系。但是，许多人却不愿意接受多元化的标准，当他们对人们作出判断时，好像总有一个应该据此生活的共同的道德标准。性的多元化还包括：从本质论到建构论——不再将一些与众不同的性取向当作是人的本质；从生育动机到多重动机——不再以能否生育来判断某种性方式是否正常、是否符合自然的要求；从变态到差异——不再将性倾向上的小众视为变态，而只当作是人的一种差异。多元论的原则是不应试图将人的性差异减少为一种统一的“正确”的行为模式。多元论关注权力运作和变革现存社会关系的斗争的必要性，这一斗争的主体和主要受益者是各类性少数族群。

最后是哲学层面。

在哲学层面，性学最为关注的是社会建构论、性压抑理论、性的民主化理论和最新出现的酷儿理论。

社会建构论：

性问题上的社会建构论是作为生理决定论的对立面出现的。生理决定论出现于二十世纪六十年代和七十年代，这一理论又被称为性的本质主义——一种关于性是自然的力量、先于社会生活而存在并造就制度的思想。性本质主义植根于西方社会的民间智慧之中，它认为性是永恒不变的、非社会的和超历史的。一个多世纪以来，在以医学、精神病学和心理学为主的研究中，对性的学术研究反复地制造着这种本质主义。这些研究领域把性划归某种个人的属性，认为它可能存在于人们的荷尔蒙或染色体之中，是由生理或心理建构而成的。在这种生理决定论的分析当中，性是既无历史又无社会决定因素的。

从二十世纪六十年代开始的这场生理决定论与社会建构论的论争至今已经持续了半个世纪。在过去的半个世纪中，生理决定论渐渐失去了影响力，社会建构论占了上风。社会建构论向性的本质主义发起了激烈的挑战，论争的焦点是将现当代同性恋现象描述为历史、文化和社会建构的结果。

性压抑理论：

在人类社会中，性的完全自由是从来没有过的。人的性欲冲动总是不得不受到各种各样的压抑。在压抑最严厉的时候，人的这一冲动只能跟一个特定的人（如配偶）在一个特定的地点（如卧室）在一个特定的时间（如夜晚）以特定的方式（如传教士式）为了特定的原因（如生殖）才能得到宣泄。在这种情况下，同特定的人之外、在特定的地点之外、在特定的时间之外、在特定的方式之外、因特定的原因之外的性活动将会受到法律、道德、习俗的惩罚。这就是性的压抑。

人类的性行为会受到法律、习俗等形形色色的社会规范的制约，通过性的社会化，人们学到了与所属的文化相适应的性价值观念和行为方式。社会不仅关注人们的性行为方式，而且其规范渗透到私生活的缝隙之中。来自道德传统、法律和社会舆论的性价值观念起到两种作用：行为指导和社会控制。除了内在机制如犯罪感和羞耻感的作用之外，文化制度和习俗也通过外在的方式控制着人们的行为，例如在大多数社会当中，人的性活动都要受到婚姻制度的制约。

在不同的社会和文化当中，控制人类性活动的这些规定有不同，有些更严厉，有些较为宽松。例如，在西方一些国家，两个同性别的人可以结婚，这两个人就可以互为法定的性对象；在有些国家，同性关系非法，与同性的性关系就要受到法律或社会舆论的惩罚。在不同的时代，这些规定也有不同，有时更严厉，有时较为宽松。例如，在宋明时代的中国，女性在丈夫死后不得再嫁，必须守节，她们的性需求受到严厉的管制和压抑；而在当代中国，寡妇再嫁的压力就小了许多。

有关性压抑的理论存在着一个论争和演变的过程，其中最重要的论点来自弗洛伊德、马尔库塞和福柯。福柯极为清楚地表达过这样的意思，即他并不否认性压迫的存在，但是必须把这种压迫放在一个宏大的历史或精神动力机制中来加以理解。在西方社会中，性一直被建构在一种极具惩罚性的社会框架之中，一直受到极为现实的正式或非正式的控制。现代东方社会也并不比西方高明多少。我们必须承认压抑现象的存在，以便揭露它，批判它。

性的民主化理论：

性关系民主化理论的主旨是反对性的等级制。在性的问题上，存在着民主化和等级制的对立。在许多文化和社会中，都会存在性价值的等级制，人们会为无限丰富、无限复杂的人的性活动做出优劣高下的等差评价。性的民主化理论的最重要的理论家有罗宾、吉登斯和威克斯。

根据性等级制的价值体系,"美好的""正常的"和"自然的"性，从理想形态上说应当是异性恋的、婚内的、一夫一妻的、生殖性的和非商业性的。它应当发生在一对伴侣之间，发生在亲密关系之间，发生在同一代人之间，并且发生在家里。它不应当使用淫秽品、恋物用具、任何种类的性玩具，或者除男角女角之外的其他角色。任何违反了这些规则的性行为都是"不道德的""不正常的"或者"不自然的"。这些有害的性行为也许是同性恋的、非婚的、滥交的、非生殖性的或者是商业性的。它也许是自慰性质的，或发生在性聚会中，也许是同陌生人偶然发生的，也许跨越了代际界线，也许发生在公共场所，或者甚至发生在树丛中或者浴室中。它也许包括淫秽品、恋物用具、性玩具或对不同寻常的角色的使用。

性等级制还表现为划清和保持好的性行为和坏的性行为之间的那条想象中的界线的需要。大多数的性话语，无论是宗教的、精神病学的、大众文化的还是政治的，总是将人类性能力中非常小的一部分划分为神圣的、安全的、健康的、成熟的、合法的或政治上正确的。这条界线把上述行为同所有其他的性行为区分开来，后者被认为是魔鬼的作品，是危险的，是心理病态的，是幼稚的或政治上应受谴责的。性等级制受到性的民主化理论的强烈批判。

酷儿理论：前文酷儿理论一节已有介绍，在此不赘。

性话语·人民日报

《新中国性话语研究》这本书是对新中国六十年间性政治史的一个基本描述和分析。

全书涉及的问题包括：这六十年的基本性氛围，性在中国所处的地位，性政治的基调；在文学艺术中涉性描写和表达的规范；对淫秽色情品的管理；对卖淫的管理；对性病的管理；对人口的管理；对性犯罪的管理；对婚外性活动的管理；对婚前性活动的管理；对同性恋的管理。这本书的抱负是使读者对中国六十年的性政治史的基本脉络和演变状况有一个大致的了解，看看性在现代中国遭遇了些什么，被当作什么，被摆在什么位置上。

通过对六十年间《人民日报》的文本分析，可以大致看清涉性议题在中国所经历的轨迹。这六十年基本的性氛围是禁欲反性的，性在中国所处的地位是被当作旧时代的污泥浊水，在所有涉性的领域，一度有一个相当彻底的扫荡。这个扫荡从二十世纪五十年代开始一直持续到“文革”结束，并在其间达到了巅峰状态。性政治的基调是禁欲的。但是值得一提的是，这种反性禁欲完全没有宗教色彩，而是出于革命的意识形态和传统中国的世俗文化。

二十世纪八十年代是一个转折点，在后三十年，性氛围从严峻转为宽松，报纸上出现了涉性议题的中性报道和理论探讨，例如弗洛伊德的理论，甚至出现关于禁欲主义的讨论。中国人不再谈性色变。但是从对性文化、性文学和涉性话语“泛滥”的抱怨，还是可以看出，人们在性的问题上仍有很多焦虑，还不能平心静气地把性放在一个“食色，性也”的位置上，像看待食物一样来看待人类的性活动，还是要把各种各样的负面标签贴在这个人类基本的活动上面，虽然标签一再变换，从阶级斗争到腐败堕落，从糖衣炮弹到道德败坏，可是总是负面的评价多于正面评价。好在由于性学研究的勃兴，社会对性的看法越来越正面，几乎达到不过于焦虑的地步。总的看来，性氛围的走向是正确的：对人类这一基本活动方式的肯定和接纳。

六十年间，在文学艺术中涉性描写和表达的规范上，我们的社会经历了一个从严到宽的变化过程：从既不可以写爱也不可以写性，到只可以写爱不可以写性，最终发展到既可以写爱也可以写性。但是对于文学艺术中的涉性描写规范，还是充满争议的，主流价值观认为，只可以人性地描写，不可以兽性地描写；或者说，只可以写性的人性的一面，不可以写性的兽性的一面。这也是被允许的涉性描写与淫秽品的主要区别之所在。事实上，在人类的性活动中，既有人性的一面，也有兽性的一面，或者说：既有心理的一面，也有生理的一面。硬要将二者分开，在中间划清界限，为心理的一面贴上高尚的标签；为生理的一面贴上低级下流的标签，不但毫无道理，而且无法实施。

在对淫秽色情品的管理方面，六十年间经历了前后两个阶段：在前三十年，淫秽品几乎被扫荡一空；但是在后三十年，淫秽品呈泛滥之势，控制与反控制经历了长达三十年的拉锯战，最终还是一个失控的局面。扫黄三十年的结果在令人感到无奈的同时，引发了改变管理思路的思考。其中最具争议的问题是成年人的淫秽品消费需求与现行法律的矛盾；公民言论自由的宪法权利与淫秽品法的矛盾；成年人与青少年不同需求之间的矛盾。引进其他国家的淫秽品管理办法，即成年人与青少年分级管理机制，已经迫在眉睫，而且将是唯一可行的合理的管理方法。

对卖淫的管理也基本上是一个六十年一贯制的思路，就是彻底取缔。但是，在前三十年，这个思路是成功的；在后三十年却是不成功的，目前状况是基本失控。原因主要是市场经济的引进和贫富分化的形成。在社会环境已经改变之后，留恋于对 1950 年代“中国奇迹”的回忆和陈旧的管理思路，并不能有助于问题的解决。借鉴发达国家的管理经验，引进一些新的观念（例如“性工作者”的概念），用积极务实的思路去探讨解决问题的方法才是负责任的态度。由于“100% 安全套”工程的挑战，旧的管理思路显得不能自圆其说、逻辑混乱，令人无所适从。打破传统的道德评判，探索务实的方法解决卖淫管理，已经不再是一个单纯的卖淫管理问题，而是一个防止艾滋病蔓延的、关系到国民健康的大问题。

中国对性病的管理经历了一个U形轨迹：从1950年代开始控制性病，到1960年代中期基本上在中国消灭了性病，到1980年代性病重新流行，一直到艾滋病的迅速传播，中国的性病控制思路也经历了相应的改变。从对性病的道德评判和敌视态度，渐渐转变为务实的就病论病态度，进一步转变为对性病和性病病人的反歧视态度。中国人终于理顺了对性病的心态：一种疾病就是一种疾病，不应当为它贴上道德的标签。用关爱的态度而不是歧视的态度对待患病的人，不但能够拯救病人，而且也是拯救健康人和拯救社会的唯一正确态度。因为歧视会导致病人转入地下状态，只会加速性病向一般人群的传播；只有关爱的态度才能使病人积极检测、治疗，最终达到防止性病传播的目标。

在人口的管理方面，经历了一个艰难的计划生育推进过程。与西方的个人本位文化相对应，中国的文化是家庭本位的，生育在中国人的心目中与西方人大相径庭，它集文化、习俗、人生观、价值观甚至宗教感之大成，有一种非理性的强大力量在抵制计划生育。因此计划生育这个在其他文化中并不困难的事情，在中国被称为“天下第一难”（其实应改为“中国第一难”，因为在一些国家它不但不难，而且不得不采取鼓励生育的办法以维持人口规模，如俄罗斯）。在要不要计划生育、可以生几个孩子的问题上，个人需求和社会管控之间形成强大张力。围绕着人工流产、优生学和性别比问题，都有着激烈的论争。旧的问题没有解决，新的问题又出现了。从1950年代马寅初先生的《新人口论》到计划生育成为国策，全体中国人做出了重大的牺牲，取得了极大的成绩，为中国的发展和世界人口控制做出了无与伦比的贡献。在争论中前行，在荆棘中摸索，中国的计划生育事业还在继续做着艰苦的努力。

在性犯罪的管理方面，对于有受害人的性侵害行为，一直没有出现过什么大的问题。有一个时期，干部子弟性犯罪问题非常突出，最终在法律制裁犯罪人和纪律惩罚包庇犯罪子女的干部，这样双管齐下的打击之下，问题得到缓解。性犯罪管理中一个有待解决的问题是对于无直接受害人的所谓性犯罪的认定和处置方式。在没有直接受害人的性活动中，行为人只是违反了社会习俗和社会道德观，例如流氓罪和聚众淫乱罪，对此类活动的惩罚与公民权利发生了矛盾，是通过社会变迁已经被否定或最终将会被否定掉的罪名。

对婚外性活动的管理包括1950年代的反对重婚纳妾和1980年代的反对婚外恋、包二奶两个阶段。两个阶段的情境不太一样，人们的关注点也不同。在1950年代，由于重点是反对包办婚姻和旧式的重婚纳妾，所以主流价值观对于自由恋爱和婚外性活动有一种辩护的态度，至少认为它是事出有因；在1980年代，婚外恋、包二奶已经没有了堂皇的理由，只是旧习俗的沉渣泛起，再加上这些现象与官员腐败如影随形，所以人们对它的厌恶大大多于同情。尽管如此，在应当用法律制裁还是道德约束的办法来解决婚外恋问题上，还是引起了激烈的论争。主流意见认为只有重婚的问题应当由刑法来解决；而对于婚外恋和包二奶问题则只能用道德约束。在这场争论中，理性务实的意见战胜了非理性的激进意见。

在对婚前性活动的管理上遇到的最大问题是，随着社会的变迁，婚前守贞观念发生了巨大变化；婚前性行为规范相应改变；婚前性行为比例成倍增长；婚前同居、婚前怀孕和婚前流产大量增加。青春期性教育的问题已经迫在眉睫。由于性教育阻力很大，推进非常艰难，社会付出了很大的代价。在开展什么样的性教育问题上，同样存在两种力量的激烈论争，一种主张做婚前守贞教育；另一种主张做全面的综合的性教育，要把性的知识像其他科学知识一样传授给青少年，同时要让他们对性有正确的健康的科学的观念，而不是反性禁欲守贞一类错误的观念。尽管这一论争还在持续，健康的科学的性教育已经在全国各地蓬勃地开展起来。

在对同性恋的管理方面，经历了从基本上全是负面否定态度到中性客观态度的转变。无论是在政治方面、文化艺术方面还是社会方面，歧视的态度转变为尊重同性恋人权的态度；道德谴责的氛围转变为尊重少数族群的氛围。艾滋病出现之后，同性恋群体的社会能见度大大增加，但是同时也出现了同性恋议题“被艾滋病绑架”的问题。中国的同性恋权利的真正实现，还要经过漫长的艰辛的努力。但是，人们大都认识到，无论是种族歧视、性别歧视还是性倾向歧视，都是不合潮流的、错误的，而和谐社会的前提正是有差异的人群的和谐相处。我们可以期待，在社会和谐成为主流价值观之后，同性恋者的人格将受到人们的尊重，同性恋者的各项权利将得到全面的实现。

六十年来，虽然走了不少弯路，犯了不少错误，中国的性政治已经走向了正确的方向，沿着这个进步的方向，我们可以期待一个更加文明、更加理性的性秩序在未来的中国逐渐形成。

遇见“大侠”

一爷之孙·“大侠”

我撰写的《一爷之孙——中国家庭关系的个案研究》一书是通过对北京一个大家庭（六代百余人源自同一位祖先）的研究资料写作而成的。书里描述了这个典型的中国家庭的人际关系及其模式变迁。由于这项研究采用的是深入访谈的方法，当然就得到了不少有趣的故事。对于费孝通所说的社会学研究要“出故事”的教诲，我始终念念不忘，并且引以为研究的真谛和乐趣之所在。

在这本书的写作出版过程中，应当特别提及的是，我的合作者所起的举足轻重的作用。她既是这项研究得以顺利完成的研究线索“引导人”，又是文中部分篇章的写作者。

她其实不是她，而是他，是一位生理女性、心理男性的人。他叫大侠，是一位女变男的变性者，又称跨性别者，英文名叫transgender。无论从外貌还是内心看，他都是一位地地道道的男性。他性格中的男性度极高，超过很多男人。因此，有时他被人误叫一声“先生”“大哥”会乐不可支。他生活中最尴尬的事情就是，每次进公共女洗手间都会把里面的人吓一跳。最搞笑的一个事故是这样的：某天，他进女厕所，后面一个男士以为是男厕，就跟着他进了女厕，而那位男士后面的一位女士一看他俩进了女厕就以为女厕是男厕，于是一转身进了对面的男厕。目前，有些国家已经在公共场所设立了性别中立厕所，帮助跨性别人群解决如厕的尴尬。

我们在一个酷儿聚会上相遇，那是小波去世三个月后的一天，加州大学的人类学教授丽莎拉我去散心，希望我从失去小波的悲痛中走出来。聚会在西四羊肉胡同一位男同志的家里举行，记得我还约了《东宫·西宫》的导演张元一起去，并且在那里首次见到被誉为“中国法斯宾德”的崔子恩。

我因为基本上谁都不认识，所以在聚会上显得很落寞，这时，“她”过来搭讪，并提起我们以前在一个女同志的见面会上见过一次。后来他告诉我，从那次见面，他就“惦记”上我了，心想：要能跟这个人在一起该有多好。我们互相留了电话，我心里想的是做女同志调查，而他心里早就暗恋上了我。

我们是相当有缘分的，证据就是他第一次约我，电话打来我就说对了他的名字，而且把跟另一位老朋友的约会忘得一干二净，欣然去赴他的约了。后来那位朋友好一顿抱怨我，我自己也纳闷，像这样爽约的事在我是极少发生的。

我在人民日报社的西大门等他，他竟是开着一辆深棕色的桑塔纳来的，记得我还暗暗猜测他的职业，因为当时有车的人很少。后来才知道，原来他是一位出租车司机。我们的第一次谈话是在麦当劳，这在当时还是很奢侈的一种消费。我问他答，很坦诚，一切问题都如实回答。我在一个本子上做了记录，这是我做同性恋调查时一直使用的方法。记得吃完饭我要结账，至少也是AA制，被他不容分说地拒绝了。做社会调查按惯例是要付费的，哪有让对方结账的道理？我哪里知道，在他心里，这并不是一个调查访谈，而是男女约会啊。

他陷入对我的狂热爱恋，对我来说完全是猝不及防，而且有点儿匪夷所思：虽然凭我的专业知识，我很快明白他是一位生理女性、心理男性的跨性别者，而行外人大多是分不清跨性别和女同性恋这两种人的，他自己也是一直在女同志的圈子里进进出出。但我对女人的身体是没有欲望的。这怎么可能呢？

然而，他对我的爱排山倒海，雷霆万钧，不由我不受吸引、不受感动。当时的感觉，他就是上帝派来的一位天使，把我从失去小波的苦海中解救出来。

过了一段时间，他就在我妈妈家住了下来：那时我已经从我们自己的小家搬出来，回到了妈妈家居住。他就睡在一个窄窄的硬面沙发上，总共也就一尺宽。爱情的力量真是惊人，它可以让人吃世间无人能吃的苦，并且甘之如饴。我妈妈生性极为简朴，而且老年人也没什么食欲，因此我家的晚饭从来都是清水煮面，里面放点儿菜叶。我从小这么习惯了，他可没受过这种苦啊。所以，后来他一直把那段时间的伙食叫作“吃爱情面条”。

他不但自己是工人阶级，而且他的父母也都是最最质朴的老工人，善良至极。记得有次好友林春对我讲过这样一句话：“其实工人阶级中有很多人是非常优雅的。”意思是优雅并不仅仅属于社会的上层和知识阶层。虽然他们爱说粗话，也从来不享用高雅的文学艺术，但优雅是一种生活态度。优雅和质朴是可以并存的。比如，托尔斯泰就穿粗布衣服下地干农活，而谁又能说托尔斯泰不够优雅呢？

关键是爱。爱情从来是超凡脱俗的，它根本不管什么阶级阶层，贫富贵贱，也不管美丑年龄，甚至使性别都变得无足轻重。一桩爱情只要是发生了，它就绝对是美的，伴以所有感人至深的细节。比如，他告诉我，有段时间，他只要想到我，身体就出现一股热流，这热流从心口一直向下，贯穿全身，烧得他无可奈何。这样的事情是不可反驳的，它有一种强横的力量，使人不得不臣服于它，即使是坚冰也不得不在这股热流的冲击之下融化。

他虽然不爱看书，但是爱情把他变成了一个诗人，他为我写过很多诗，我很喜欢，比如：

我想你
在每一个没有你的夜晚
我的世界凄凉而孤独
我是那么地爱你
以至一想到你
我的心就开始深沉
直到哭泣

有一段时间，只要我出差，我们就会互通书信，虽然这样的情况不多，还是留下了一批书信，在此摘录几段：

他写道：

你知道你有多可爱吗？在我心里你简直就是完美的，你心好得我根本不能有一丝一毫的对不住你的地方。虽然年过半百，可在我心里你就是一只纯真、善良、追求美、渴望爱、崇尚自由快乐的小鸟。我每天都想把它捧在手心里，抚摸着它的羽毛，悄悄地和它讲情话。任凭它抖擞翅膀飞向天空，也飞不出我的心房。你就是这只美丽的小鸟，我身上的每一处都是你栖息的地方。我的肩膀，我的头顶，还有我心里最柔软的那个地方。刮风下雨，生病死亡都不怕，都不用怕。我们的身体和精神永远不分离。

我写道：

自从你走进我的生活，我的生活里尽是阳光、温暖和快乐。有的时候，你说你没得到爱，我感到很委屈，因为这就是我的方式，我的感觉。我虽然一开始对你的到来感到意外，对自己竟然还能有爱情感到意外，也有一种“不应该”的心理，但是还是情不自禁地同你走到一起，最终合二而一。我从来没有后悔我的选择，虽然每次你为了小波和我闹我都非常为难，心情矛盾，但是我并没后悔我的选择。我总觉得你有自卑心理，所以你才会那么敏感。而你不知道，你是多么可爱，你纯真、热烈、活得率情率性，又是那么爱我。我找遍全世界，上哪儿还能找到你这样的人？我希望你得到一切，其中当然有我的爱，我知道，这是你最想要的。我们的生活应该是一件美好的艺术品。还有可爱的小壮壮，他也是你给我带来的，如果不是你的坚持，我们不会有他的。

经过一段追逐游戏，我们最终走到了一起，我不得不感叹，爱情的力量实在是无坚不摧、所向披靡的。有段时间，他简直每

1998年，我和大侠在一起

天以泪洗面，痛不欲生。我的心即使是座冰山，也被他的爱融化了；我的心即使是铁打的，也被他的爱熔化了。真爱就是这样的，它像一股高热的空气，使得温度较低的空气无限趋向于它的温度；它又像一股冲决一切堤坝的洪水，使得较低的水位无限趋向于它的高度。

到如今，我们已经同居了很多年，周边的亲朋好友甚至单位同事都接纳得非常好，我们几乎没有感觉到歧视和压力。分析其中的缘由，恐怕跟他是一位跨性别者而非女同性恋有关。粗粗一看，这两种人容易被混淆，可是细细分析，跨性别者是性别认同与众不同，性倾向没问题（属于异性恋）；女同性恋者则是性倾向与众不同，性别认同没问题。也许因为社会上多数人都是异性恋者，所以人们对异性恋关系的逻辑比同性恋关系的逻辑更容易理解和接纳。人们会这样想：他仅仅是一个装在女人身体里的男人，他喜欢的还是异性恋女人。就像金星，她做了变性手术之后，与一位德国男人结了婚，那个德国男人并不会因为跟金星结婚就变成一个男同性恋，同理，我也不会因为跟大侠交朋友就变成一个女同性恋。周边的人觉得我并没有改变性向，只不过是找了一个跨性别男人，所以能够理解和接纳得很自然。

记得我们一开始没有单独居住，而是住在我妈妈家（跟小波当年一模一样，他俩都是倒插门女婿哟），我哥哥和嫂子就住在同一个院子里，我嫂子很快就跟他成了好朋友，并且不无嫉妒地说了这么句话：三反怎么又掉蜜罐儿里了。我妈妈也非常喜欢他，一个是因为他对我好，再一个也是因为他这个人真的很可爱。他性格豪爽，男性度极高。而且他属于情商特别高的那种人，待人处事方面有我家人不可企及的干练。我的家庭是典型的知识分子家庭，关系比较寡淡，黏稠度低，而他的家庭则是典型的工人阶级家庭，关系热络，黏度极高，亲情澎湃。他的到来就像毛泽东有次讲的工宣队进驻知识分子成堆的地方——往黏土里掺沙子，为我们家带来一股清新而又有点儿陌生的气息。

家里有位安徽老保姆，在我家一干几十年，有点儿反客为主的意思，我家的人都是性格软弱、不善处世的类型，那阿姨在家庭权力结构中完全占了上风。爸爸去世后，我在外面跟小波单住，每周回家看妈妈一回，总是发现阿姨的那间屋子人声鼎沸，原来是妈妈把家中最大的一间屋子拨给阿姨住，阿姨就把她农村的七大姑八大姨都招来住，以致我们几个孩子一直把妈妈的住宅戏称为“大车店”。家里没有那么多活儿，妈妈还允许阿姨每天出去打小时工，多挣一份钱。就这样，阿姨还在院里散播妈妈特别“抠门儿”的言论，其实妈妈只不过是生性节俭而已。妈妈的遗嘱中，给那老阿姨留了三万块钱的养老金，而我们兄妹四人才一共得到三四万元的遗产，这就是她所谓的妈妈的“抠门儿”。妈妈跟她形成了一种暗中的较力关系，有一次，她把妈妈气急了，妈妈要让她走，她给妈妈下了跪，一再央求，妈妈才回心转意。但是，说白了，这个家里就没有一个人能降得住她。

大侠一来，不费吹灰之力，形势立即改观。有一次，我哥哥下班晚，没赶上晚饭，不得不给他单下面条。哥哥累了一天，阿姨不但不主动帮他，反而没好气地说：你自己去下面条吧。大侠一听这话就急了，跟阿姨发了大火，阿姨本来不占理，一下就蔫了，乖乖去给哥哥下面条了。她事后还很后怕地说：哎呀，吓死我了，我以为你要打我呢。妈妈在旁观看，乐不可支，从此对大侠刮目相看，宠爱有加。这是他应得的，他的情商实在太高，给我家注入了一股新鲜力量，有令人耳目一新的感觉。他后来做我助理、经纪人，负责书籍出版、活动安排之类的谈判，如鱼得水，驾轻就熟，家里那点小小的权力斗争在他眼里简直就是小菜一碟，手到擒来。

妈妈对他的宠爱还有一个例子：我妈妈的亲弟弟，我的舅舅，是一个没有什么文学才能的作家。在"文革"刚结束时，他写了本战争年代的小说，当时人们都没书看，所以卖了几十万本，他也因此入了作协，但是其实他是没有写作才能的，他的第二本小说就再也找不到出版机会了。他不死心，就动员我帮他找出版商，我为此得罪了好几位当编辑的朋友，他们不好直说，只能一味敷衍他。舅舅越发执拗，常常来妈妈家找我，逼我想办法。有一次，他又来了，我和大侠正赶着翻译《酷儿理论》，我口授，他录入，干得昏天黑地，夜以继日，舅舅又来纠缠，提出三个可能性：一、我把这书稿一把火烧掉；二、你帮我找人出版；三……大侠快言快语说：那就烧了吧。舅舅一下子被戳了肺管子，竟然用皮手套抽了他的脖子几下，他马上跑妈妈那儿去告状，说舅舅打了他。妈妈不但一点儿都没责怪他那样说话，反而笑得浑身乱颤。他经常把妈妈逗得开怀大笑，是妈妈的开心果。

当初，我和小波是自愿不育者，倒不是因为爱得不容第三人进入，也不是为了事业没精力养孩子，只是都没想要孩子。小波给我讲过一个萧伯纳和舞蹈家邓肯的故事：有一次，邓肯对萧伯纳说，如果咱俩生个孩子，长相像我，脑子像你，那该多么好啊。萧伯纳回答说，万一咱俩生的孩子，长相像我，脑子像你，那可怎么办？小波酷爱萧伯纳，而且觉得自己长得丑，故有此一说。我们俩开玩笑说，小波有一哥一弟，分别生了一男一女；我有两个姐姐，也分别生了一男一女。我们要是再生，也不可能为各自的家庭增加什么新品种了，所以就不生也罢。不要孩子，对于我俩来说，是自然而然的选择，如果小波再世，我们还会是自愿不育者。有次，有个小波的画家朋友来家串门，他看到我俩的生活方式，遗憾地说：我们当初一结婚就要了孩子，怎么就没想到这种（丁克）可能性呢？

而大侠却不同，他从小的生长环境有浓得化不开的亲情，孩子对于他的生命实在是不可或缺的，是生活的一项重要内容，所以我们在 2001 年 3 月 5 日从儿童福利院收养了一个孩子。爷爷看他体弱多病，给他起了个小名叫壮壮，取希望他健康茁壮之意。奶奶也把他视为掌上明珠，捧在手里怕摔了，含在嘴里怕化了。壮壮从小被父母遗弃，我们把他抱回来的时候，他只有五个月大。现在已经长成个 180 斤重的大小伙子了。可能是生育过程中有些问题，他达不到正常孩子的智力水平，有的医院还说他有轻度的自闭。我们找到一位国内顶尖的心理医师，她对他的诊断是亚斯伯格症（又译阿斯伯格症），这是一种比自闭症轻微、在被遗弃的婴儿中比较高发的心理疾病。但是，他却是一个非常漂亮善良的孩子，一个非常可爱的孩子。有时，我觉得他懵懵懂懂的样子就像一个可爱的小动物，他的童年显得比一般的孩子长了许多，十四岁还在上五年级，而同龄的孩子已经上初中了。我常常用陈章良的例子鼓励他，据说陈是九岁上小学一年级的，现在不也是个大科学家了吗？

壮壮属于有点儿学习障碍的孩子，就是学同样的东西，要比别人多费几倍的努力。如果情况不能改善，即使将来大学入学率达到90%，他也不一定能上大学。我在想，对于这样的孩子只能尽人事听天命。我只希望他有一个幸福的人生，但不一定是个成功的人生。我把对他的希望写在一张纸上，让他带在身边，上面

2003年，我和幼年的壮壮

写了我对他的三个要求：做一个快乐的人，这样你的人生才能幸福；做一个有知识的人，这样你的人生才能丰富；做一个懂礼貌的人，这样你的人生才能优雅。

后来，壮壮终于还是因为无法适应学校的生活而退了学，一个偶然的机遇，我们发现了他的绘画才能。他从小就喜欢画一种几何图形，总是把所有的本子、书本和纸头全都画满，问他画的是什么？他说是立交桥。后来我们给他找了一位美术老师，教了他画画的一些基本技能，很快他就开始独立作画了，以抽象风格为主，色彩鲜艳。我不懂画，不知道这是孩子的涂鸦还是真正的画作。令人喜出望外的是，很多美术专业的人都说这孩子有天赋，有位美院老师看到他的画后是这样说的："这孩子对色彩感觉很好。我有理论，他没理论，但他对色彩的感觉很好。"还有专家说："一看这画就很纯粹，不是学的哪个流派，而是完全出自他的内心感觉。"有的人干脆就说他是个画画天才。每当听到这样的评价，我都心中窃喜，不是因为他可以有一个成功的人生，而是暗自庆幸他找到了自己喜欢做的事，他的生命至少可以是快乐的了。以后能不能出名、能不能挣钱都不重要，重要的是他的生命中有事可做，他能快乐地生活下去。

壮壮在三岁和六岁时，做过两次眼睛矫正手术。那是壮壮上手术台的前一天，虽然知道没有什么风险，但毕竟是动眼睛手术啊，他心里还是紧张。晚上，壮壮打电话来说想我了，难受，后来躲在被子里悄悄地哭。通过话，我睡不着觉，一想起这个世界上有这么一个小小的生命在想着我，眼泪就流个不停，眼泪一直流到耳朵里，凉凉的。

我这个人原来好像没有什么母性的，记得还有人说过我由于没有母性所以不是一个完整的女人。波伏娃也因为关于母性的观点多受人诟病，她的观点好像是否认女性一定会有母性，或者一定要有母性，否认母性是天生的，认为女人完全可以在做母亲和不做母亲之间做自由的选择。

但是可爱的小壮壮，这样一个小小的人儿，他话还说不大清楚，就会对我有这样的感情、这样的依赖，这对我来说，真是世间难寻的一种情感体验。我不知道这是不是母性（难道说，我身上的母性被他唤醒了？），我也不在乎因为有了母性就成了一个更完整的女人（完整不完整有那么重要吗？），我只是陶醉在这种甘醇的爱与被爱的情感之中。

有一年寒假，我们带壮壮去南方玩。那天去了深圳植物园，当北国千里冰封万里雪飘的日子，深圳却绿意盎然，道路旁、山坡上都开满了鲜花。我们在湖中荡舟，壮壮玩得兴高采烈，小小的年纪突然诗兴大发，冒出一句：美丽的妈妈开满了山坡。虽然他可能不知道自己说的是什么，可是我却感到惊喜和感动。我觉得这是世界上最美的诗句，无数大诗人想破了脑袋也不一定能写出这样的诗句。

耳鬓厮磨时间长了，我和大侠两个人合二而一，变得像一个人一样。爱情成为亲情，就像渡过了激流险滩的小船，徜徉在宽阔平静的水面上。日子像流水般逝去，心中不再有波澜起伏，但是日子过得平静熨帖，其乐融融。

从博客到小说

随笔·自媒体

从2005年起，我开始接触博客，后来是微博，参与了网上与人的对话、交流和发表言论的活动。

在2005年，新浪工作人员找到我，说现在有一种东西，叫博客，你可以开博客吗？我说，我不会弄啊。他们说，很简单，我们已经给你设计好了，你直接点开写就行了。于是，我就开始写了。从那时开始到2015年，一下子就写了十年。十年间，我写了不知多少篇博客，大约一周两篇吧。在2013年，我把这些博客筛拣了一下，编成三本书，一本叫《我的生命哲学》，大都是我的日记式的人生感悟；另一本叫《我的社会观察》，主要是涉及我的研究领域的杂文时评，由于其中有些内容有点儿敏感，在审查过程中受了些磨难；第三本叫《我的心灵阅读》，是我从二十岁读世界文学名著的读书笔记开始，一直写到后来我喜欢的书以及电影。这三本书全都进了当年图书的排行榜前十。

博客对于我意义重大，表现在以下几个方面：

首先，它是我的言论自由权利的实现。过去，虽然也大体能想写什么写什么，但是要发表，要让读者看到，必须通过审查，无论是发表在报纸杂志等纸媒上的言论，还是作为书籍出版的文字，都是经过编辑和审查者之手的。而博客文章却不必如此，写完就发，不必经过别人的删改或审查，有一种自由奔放的感觉。当然，偶尔文章会被删去，比如涉及了过于敏感的话题。好在我喜欢的话题绝大多数不敏感。网管还有一种有趣做法：话题不敏感他们会推荐到首页，这样读者就可以上万，甚至几十万；话题有点儿敏感但是没到必须删除的程度，他们就不推荐，但是读者还是可以见到。

其次，它给我提供了一个自说自话的机会。蒙田有一次说："如果我有信心做我真正想做的事，我就会不顾一切，彻底地自说自话。"他是一位大师级的思想家，为什么他真正想做的事是自说自话，而且还要"有信心"才能这样做，要"不顾一切"才能这样做呢？这是因为，他生活的年代，没有互联网，一个人如果想让自己的文字跟读者见面，只有写书一途，而如果人只是自说自话，那书恐怕卖不出去，也就无缘跟读者见面。尤其人要靠稿费生存的话，就更加不能随心所欲地自说自话，至少要考虑写什么才能出版或发表。有次听到梁文道说，为什么香港的纯文学作家都改了行？因为最好的文学书也只能卖出五百本。现在好了，我无论写什么都能有读者。我的一篇小说能有几十万人读，这难道不令人欢欣鼓舞吗？我应当可以想写什么写什么，想怎么写怎么写了。这是博客给我带来的机会。

此外，博客改变了我的写作。不为发表的写作成了一种彻底的自说自话，使我的写作越来越带有一种内心独白的色彩，它变得更加沉思，更加沉静，没有杂念，没有杂音，没有杂质，大睁双眼直视人世，直视宇宙，直视存在，直视自己的内心。它使我的心境更加纯净，只是倾听自己内心的声音，把它随手写下来，别的什么也不想。我每天凌晨即起，打开电脑，写下最先来到心中的思绪。因为正在尝试格言式写作，一般早饭前已经写了三段格言。我不敢说这样写下来的东西就一定是好东西，但是在写作过程中能够享受到内心无与伦比的愉悦，这一点儿是肯定的。

除了写博客，我还在网上参与了一些活动，比如举办沙龙，连线答网友问，或者由网站将网友的问题汇集起来，一一作答。《你如此需要安慰——关于爱的对话》就是一本我与网友在网络上的对话录，对话对象主要是女同性恋者。她们的故事十分感人，她们的爱情十分真挚，但她们是社会上的弱势群体，会感受到许多的压抑和困惑。因此，对话涉及她们的生活故事，涉及她们的痛苦和快乐、焦虑和渴望。书籍出版后虽然并不特别畅销，但却是长销书，我甚至发现了不止一个盗版版本，而盗版书商都是眼睛忒毒的人，不好卖的书他们是不会去盗的。我倒不是夸他们，我恨他们还来不及。记得当年我和小波那本写同性恋的《他们的世界》也有很多盗版书，我们为此到有关部门投诉，结果是不了了之。我的虐恋中短篇小说集《黑骑士的王国》也有了盗版。目前我对盗版书基本上束手无策，就把它当作一本书是否畅销的标志吧。

后来，博客渐渐淡出人们的视野，被微博和微信公众号取代。

到2019年底，我的微博粉丝已经积累到287万多人，较晚开通的微信公众号粉丝也达到约40万人。我很少看评论，因为太多了，实在没有时间看。但是偶尔有一篇自己的得意之作，我会在发表之后看看阅读量。眼看阅读量一万一万地增加，心中幻化出人们正在阅读我的文字、聆听我的心声的图景，不免有点儿感动，甚至震撼。感叹互联网技术日新月异的发展，感叹自媒体势不可当的传播速度，这是几十年前人们绝对无法想象的事情。

记得有一次，我看到一个影视节目审查规则，其中将同性恋题材不分青红皂白地一律视为淫秽，心中十分悲愤，于是写了一篇辨析的文章，讲了一下为何不应将同性恋题材视同淫秽的道理：描写异性恋的文学艺术划分为一般出版物和淫秽出版物两种，描写同性恋的文学艺术怎么就能不做如此划分而一概视为淫秽呢？目前世界上有那么多描绘同性情感生活的文学、影视、艺术作品，其中有些优异作品已经进入世界文学艺术的宝库，成为经典。例如，李安导演的《断背山》斩获奥斯卡奖，“断背山”一词竟成为指称同性恋情的流行语。此外，还有大量作品虽然不是以同性恋为主题，但是会出现同性恋人物、情节、故事，怎么能将其一概视为淫秽呢？文章发表之后，阅读量达到六千万之众，可以从中感受到人们对这一审查标准的焦虑程度，以及社会对同性恋这一特殊性倾向的关切程度。

在写微博、发微信公号之外，我还做了大量音频、视频节目，网络直播节目，主要涉及的都是我研究领域的话题——婚姻家庭、性别与性。其中有的还结集出版，例如为喜马拉雅做的音频节目就整理结集为一本书——《李银河说爱情》。

不像物理化学，非专业人士根本不会涉足，也无特别兴趣，而我的研究领域涉及每个人的日常生活，所以有大量的问题纷至沓来，我有时也会花点儿时间与读者互动。在我的微信公号上，专门设有“银河心事墙”栏目,读者遇到问题会到那里诉说、提问，我会选择其中一些有意思的、有点儿普遍意义的问题加以解答。有文字答疑，也有语音答疑。一个意外的惊喜是，人们似乎对语音答疑反应更加热烈，我猜一定是当你听到某个人的声音时，应当比仅仅看到他的文字感觉更加亲切，好像他真的来到你的身边，你亲耳听到了他在说话，不像看文字还要经过一个转换的过程。

最近，我想把答问录整理出书，简单地搜集、梳理了一下，竟然已经累积了近十万字，还不包括那些语音的答问。内容涉及爱情、恋爱与交友、婚姻、伴侣性关系、性欲、自慰、婚前性关系、性倾向、女同性恋、男同性恋、双性恋、跨性别、虐恋、耽美现象、出轨、多边亲密关系、性侵、乱伦、亲子关系、年龄规范、生育、性别平等以及社会和人生的问题。

这里，随便举几个例子，可以展示我的答问录的大致样貌：

关于爱情

问：银河老师好，记得您说过这样的话，大意是：爱情并非一种本能，犹如婚姻一样，属于一种社会文化“建构”“塑造”

的结果，而并非天然的存在。那么，为什么人类社会形成、创造出“爱情”这种现象？它的存在意义、目的又是什么？它又是怎么被“制造”出来的？（考虑到无数的艺术作品，诗歌、电影、小说都围绕这个主题演绎，想到无数人一生中最唯美、诗意的经历是它，而人们内心深处酝酿的那一股狂热的迷恋、激情源于文化层面的心理“塑造”，觉得很有趣。）

答：这一观点是尼采最早提出来的，他说，对于古代人和未来的人，爱情是不存在的，只是因为基督教对人类性欲采取一种压抑的态度，才把人的性欲变成了爱情，就像把一个相貌平平的女人变成了美女一样。社会学有种理论，认为现代人所说的浪漫爱情出现于十三世纪，当时欧洲实行长子继承制，那些幼子没有头衔没有财产，就骑着马浪迹天涯，走到一个城堡，看到贵妇人在窗帘后若隐若现，可望而不可即，于是大唱情歌，倾诉衷肠，成就了一种叫作激情之爱的情愫。在古代中国，婚姻都是父母之命、媒妁之言，我们就很少见到这种激情之爱。现实生活中，这种浪漫的激情之爱还是能够见到的，它往往发生于社会地位及各种所谓条件相差悬殊的个体之间，因为在世俗眼中他们是不相匹配的，可望而不可即的状态最容易激发浪漫的激情之爱。

问：您与王小波的爱情美煞旁人，被一个人这样爱过是什么样的感觉？您觉得这样的爱情是命运的安排还是需要努力去获得？另外，经历过这样有深度的爱，还可以敞开心扉接纳另外一个人吗?

答:被一个人这样爱过，当然是很幸福很快乐的感觉。这一经历既有偶然的因素，也有必然的因素。偶然的因素是这个世界上存在着一个叫作王小波的人，他正好是这样一个人，而我恰好碰到了他，从相识到相知到相爱;必然的因素是我们各自对这一爱情的准备，这准备包括三观的一致，俩人全都喜欢的书，思想性格的投契，浪漫气质和内心的吸引。灵魂的投契使得外在的一切变得无足轻重，比如相貌、身材、社会地位之类的肉身和世俗的因素。当然，还有就是他对我发生了激情之爱，而这种浪漫的激情之爱在世俗生活中并不常见，它的诗意非常有魅力，能扫除两人关系中的一切障碍。经历过这样的爱，的确有点儿曾经沧海难为水的感觉，能让我再次接纳一个人的唯一原因是另一次激情之爱。如果只是一般的好感或者一般的搭帮过日子就绝无可能。

关于婚姻

问:作为一名大龄“剩男”，最近常关注一些探讨婚恋、情感话题的公号。从大量案例来看，渐渐形成一种印象:婚恋中的问题多数是男方要“娶妻娶德,纳妾纳色”,女方要“食东家,宿西家”。男女双方的诉求都是两面的，想向您请教一下，现实中幸福的婚姻缘何统一协调男女双方的这四种需求，而不幸的婚姻又是怎样从这些矛盾的需求中衍生出夫妻冲突的呢?如果这个问题有一定的探讨价值，您如何看待这个需求四元模型在夫妻互动关系中的地位与意义呢?

答：你的意思是男人希望妻子是个贤妻良母，但是还要有个漂亮的二奶、小三来解决性欲问题；女人希望丈夫提供生活保障，但是还要有个情夫解决性欲问题。你把它叫做“四种需求”。幸福的婚姻之所以幸福，是因为恰巧妻子又贤惠又漂亮，丈夫又有钱又懂爱；不幸的婚姻之所以不幸，是因为妻子或者不贤惠或者不漂亮，丈夫或者没有钱或者不懂爱。这四个元素在婚姻中的意义和地位在我看来就是：全都有是最好的，全都没有是最不好的，其他情况居中。

关于自慰

问：手淫作为一种正常的生理现象，作为一种不会影响他人的自体性行为，为什么从古至今都被社会主流思想排斥？难道仅仅是因为人类不愿意浪费生殖细胞的本能吗？还有，随着人类社会的进步，人的性生活会被逐渐压缩或变质吗?

答：中西方对自慰都有过非常多负面的看法，直到现代性学关于自慰无害的观点被人们普遍接受，才扭转了这个局面。认为自慰有害的理由有很多种：以生育为性的唯一正当理由（自慰无法导致生育）；夫妻双方的性应当仅仅属于对方（自慰似乎是一种背叛）；节制性欲（自慰是纵欲的表现）等等。而性学研究表明，自慰并不会导致对身体的任何生理伤害。不知道您所说的性生活压缩变质具体指什么，是指自慰和虚拟性爱吗？人类未来的性活动中，可能会增加工具和虚拟成分，但应当是一种更多元的性方式，不必给予压缩变质这样的否定性评价。

关于婚前性行为

问：我现在读大一，十七岁。男朋友二十二岁了，他一直很想要，但是我还这么小，可以给他吗？

答：给你一个国人首次性行为平均年龄的数据做参考：18.3岁。你综合考虑各种因素，自己做出适合你的选择。有种观点说：童贞是一个女孩能送给婆家的最好礼物。我并不赞成这种观点。因为我觉得一个女人是一个有独立意志和自由权利的人，她如果答应跟一个男人结婚，她这个人本身就是一个礼物，而不能说她的童贞才是礼物。

关于性倾向

问：我是女性。不知道什么原因近几年十分喜欢和关注LGBTQIA【作者注：LGBTQIA是女同性恋者（lesbian）、男同性恋者（gay）、双性恋者（bisexual）、跨性别者（transgender）、酷儿（queer）、男女同体（intersex）、无性（asexual）的缩写】相关话题的影视作品，看过七十多套电视剧，一百八十多部电影，其中还特别喜欢和“出柜”有关的剧情，我认为他（她）们非常勇敢地面对生活，我每次看都会觉得特别感动，也很希望有机会能做些帮助他（她）们的事，但我有什么可以做的吗？我一直认为我是不恐同的人，但当一个我平时能有说有笑的 Les 突然搭我肩膀我有想逃离的感觉，我不太喜欢她这样做（这种感觉在异性搭我肩膀时也会有），我这样算是恐同吗？另外，在我看 LGBTQIA 相关话题的影视作品时，只有 B 我不太能理解，但泛性恋和异性的、同性的多边恋我能都理解，我会是恐双吗？不管是恐同或恐双我都不想这样，有什么办法吗？眼见我快二十九岁了还没拍过拖，也不清楚自己的性倾向，会不会是太关注 LGBTQIA 相关话题而有影响呢？平时我会看异性恋、男同性恋、两个异性或两个男性的跨性恋的色情片自慰……老师你会觉得我是什么性倾向？谢谢老师。

答：应当区分对性少数族群的恐惧歧视态度和不愿意接受他们对自己的身体接触这两件事。前者才是恐同，后者则是一般人的正常反应。你的性倾向看去尚未确定。我看到一个调查统计数据，在英国，同性恋占 4%；双性恋 4%；还有 1% 的人属于“未分化”，你的情况或许属于这 1%。解决的办法就是慢慢摸索，细细体味，去发现自己真正的性倾向。

关于虐恋

问：我看过您写的《虐恋亚文化》，让我对自身多了一些认识，实际上在接触这本书之前，我一直觉得自己是不正常的，因为我从很小的时候就意识到我喜欢SM（虐恋），当然当时不知道这叫SM，现在我很困惑如何和自己的伴侣说出自己这样的癖好？应该说吗？

答：我觉得应该告诉伴侣，因为你如果内心喜欢却因为害羞而压抑下去，你就不会真正快乐。而两人在一起生活，快乐是最重要的，其他都在其次。你告诉对方之后，他也不一定就不会喜欢，因为根据统计数据，人口中有一半人有过虐恋类性幻想，你的伴侣很可能落在这一半人当中，你不会那么倒霉他正好属于那另外一半吧。万一他真的不喜欢，你还可以诱导他看一些这方面的书籍视频，把他掰弯。

关于生育

问：我和老公在生孩子是否是女性责任上无法达成共识。我不想生且不喜欢小孩子，他默认天下女人都是要结婚的，过了三十没结婚的女性人生都很痛苦，子宫长在女人身上，所以生孩子是女性的责任，因此所有女人都要生孩子。多次沟通未果，并拒绝我给他贴“直男癌”的标签，说这是人身攻击。我该何去何从？

答：你的想法证实了波伏娃的说法——母性并不一定是每位女性都拥有的。你提到的那种论点（由于女人有子宫，生育就是她的责任，女人不结婚不生育都是痛苦的，不可能是快乐的）是错误的，它的打击面太宽了——这个世界上有许多女人不愿意生育，选择不生育的生活方式。她们有权利做出这种选择，成千上万的女人已经做出了这样的选择。你当然拥有选择不生育的权利。

关于我的研究

问：反对李女士的人认为李女士受金赛观点的影响。李女士是怎样看金赛的？

答：金赛是性学的奠基人和最重要的性学家。他是学动物学出身的，后来转向性学研究。他最著名的研究是对数万名美国人的性社会学调查，其成果是两本著作：《人类男性性行为》（1948年）和《人类女性性行为》（1953年）。这两部著作是对人类性行为做社会学调查研究的开山之作。他是一位非常杰出的性学家，他的研究方法和研究成果即使在半个多世纪之后的今天来看仍然适用。泼粪大妈曾经在西安对金赛和我及其他几位中国学者的照片泼粪，我为她们的愚昧和野蛮行径感到难过，我为当代中国竟有这样的人感到可耻和可悲。与此同时，也为我的照片能够与金赛并列感到受宠若惊。

我很享受回答读者提问的过程，一方面可以用我的思想观念和专业知识帮助别人，答疑解惑；另一方面可以从中看到别人的人生，看到他们的所思所想、喜怒哀乐。他们每一个人都是一个活生生的灵魂，活泼泼的生命，我虽然不认识他们，不真的了解他们，但是从他们的描述和提问，他们经历的痛苦和欢乐，我仿佛接触到了他们的灵魂，以同理心看待他们，尽我所能帮助他们。这也要算作一种灵魂的交流，是我生活中一件有趣的、有意义的事情。我曾经说过，我搞社会学研究的动机之一是对社会的好奇，我的答问也是怀着对人性的好奇。我愿意保持对人性、对社会、对世界的无限好奇，用爱丽丝漫游仙境的心情度过一生。

退休之后这些年，我已经出版了六本随笔集：《我的社会观察》《我的生命哲学》《我的心灵阅读》《一个无神论者的静修》《享受人生——我的生命美学》《我们都是宇宙中的微尘》，其中有两本在版权到期后以新的标题再版：《轻轻吹去心上的灰尘》（《我的生命哲学》的再版），《一生所寻不过爱与自由》（《一个无神论者的静修》的再版）。我还在写新的随笔，已经完成了三部格言集和两部诗集（《生命诗选》和《爱情诗选》），等待出版。

小说·余生

开始尝试写小说。写作的过程有出乎意料之外的享受感觉。想起有个朋友，生了个女孩，这孩子很怪，从四五岁起，坐在钢琴凳上就不下来，父母叫吃饭都不乐意下来。我开始写小说的时候就有点儿像这个小女孩。虽然很可能不知所终，但是自己非常享受这个过程。

在退休之后的日子里，每天除了吃饭睡觉，我有十四个小时的时间，大好的时间啊。能写多少东西呀。

读书和写作。这就是我今后几十年的生活。当然还有休闲。

几篇日记：

8月5日 晴天

写小说的感觉可真奇妙，是我一生没有过的感觉。

那天听一位英国作家简奈特讲演，颇有几句话打动我心。她是一位成功的小说家，她讲到写作。

她说到，人写作时，摆脱了个人的狭小的生存空间，进入了一个更广阔的空间，与他人、社会和世界联系在一起。她的这个想法我还从来没有体验过，难道我不想体验？它好像给人一种在空中飞翔的感觉。这个我也还没有体验过，难道我不该体验？到目前为止，我写的东西只是一种劳作，是将知识介绍给大家，并不涉及我的心。难道我不能写涉及心的东西？难道我的心不值得让他人知道？不值得写下来？写不下来？我为什么总是在躲避自己的内心？总是在躲避我的渴望？总是在做一些周边的事情，不敢进入核心？那核心是空空如也的吗？为什么不像小波所说“我要试着创造一点儿美出来”？我一直让枯燥的劳作充满自己的每一天的生命，以便逃离涉及核心的那个东西。现在一切都停止了。我不再有任何借口逃离这个核心。我是不是可以开始尝试一下了？我为什么还要躲避我的宿命呢？我的生活难道不值一写吗？我的一生从来没有碰到我的上限，从来不知道什么东西是我不能做好的，从来没有挑战过自己的极限，从来没有去绞尽脑汁做点儿什么。现在可以试试去挑战一下自己的极限了吧，看看如果我做，我能做出什么样的东西来。

9月5日 晴天

还从来没有过这样的感觉。心中跃跃欲试，很兴奋，很享受。小说即使没有第二个人看到，光是写作过程所带来的快乐就足够了。竟然夜不能寐，想的都是小说中的词句。太奇妙了。

今天完成了小说《四星期》。希望是一部真正的小说，而不是色情小说。好多老农民都能写小说，难道我这样饱读诗书又热爱文学的人反而完全不能写吗？

另外，我在想福柯说过一个意思：在过去，在传统的关系中（他说的当然主要是异性恋爱）总是有长长的铺垫，最后才走上楼梯；而在现代关系中，故事是从上楼梯开始的。我觉得他的意思是越到现代，关系越是直接指向性，而不会浪费很多时间在爱上面。

9月12日 阴天

写作处于井喷状态。每有一点儿空闲就想写。按照里尔克的标准，我快到了不写会死的程度。我享受这个状态，我渴望这个状态。这是我一生最好的状态，我从来没有这样迷恋过写作。

短短的几天，已经写了三篇，好像这源泉永远不会枯竭，因为动力来自我的力比多。我相信它们的艺术价值。愿上帝保佑我的创造力还能保持十年。

我只要开始写，故事就自手中汩汩流出。最奇妙的是，我并不知道这些人物将有怎样的命运，他们只是过着他们自己的生活，我只是一个记录者。

9月16日 阴天

已经写了五篇了。非常enjoy。我想到萨德，也许我会成为他。中国的萨德。听上去挺吓人的。希望能保持状态。

做萨德需要极大的激情和勇气。看来这真的是我今后几十年的主要生活方式了。因为我喜欢写这样的东西，能感觉到愉悦，管他呢，这样来使用自己的生命吧。高兴就行，自得其乐就行了。萨德写的可比我多多了。我没事干，为什么不做这个呢？

萨德一生坐牢，前半段（法国大革命前）是因为违反当时社会道德的行为，后半段（革命后）是因为他所写的小说。他的小说充满性暴力，颠覆当时社会道德，是无神论的、渎神的。“施虐狂”因他得名。在现当代，虐恋已经基本上平反了，毕竟已经过去两百年了。在萨德的时代，写虐恋小说就身败名裂，受牢狱之灾；在二十一世纪，待遇会好很多。不过还是不能在内地出版，只能在海外出。看来社会虽然改变了，但是改变的程度有限。

10月9日 阴天

今天接到冯唐评价：很牛，好看。心里有狂喜感觉。证明还是有一些价值的。但是，细节是我所缺，而这是致命缺点，可能预示我并不真能写小说。他说有论文感觉，的确是弱点。

10月13日 多云

最近，创作处于井喷状态，显然是原欲受阻所致。人的欲望在现实中完全没有办法实现，于是升华，化入文学创作。这些东西好不好呢？以我的鉴赏能力，应当是好的。冯唐说，虐恋绝对正常，也许在人类基因之中。对我是一个安慰。他是学医的。不过也有可能就是那么一说。即使是人类基因，完全正常，写一种原始的欲望的东西能是上乘之作吗?

英国同性恋作家王尔德说:只有两类小说,写得好的和写得糟的。诚哉此言。

关于文学与道德的关系,一直有两种观点,一种认为二者有关,一种认为二者无关。王尔德说:"书无所谓道德的或不道德的。书有写得好的或写得糟的。仅此而已。"在文学与道德的关系问题上,我赞成王尔德的观点:文学与道德无关,文学只有写得好的和写得糟的两大类而已,不能说写得好的就是道德的,写得不好的就是不道德的;反之亦然,不能说写高尚道德的文学就是好的文学(它很可能是布道词或者宣传品),写低下道德的文学就是坏的文学(所有的淫秽品当然是道德低下的,而且是坏的文学,甚至算不上文学;但是有人以纯文学的手法塑造了一个恶棍或者写一件违反道德的事情,也有可能是一个好的文学作品)。因此可以说:文学与道德无关。

10月15日 阴天,小雨,大风

正在进入一生最有趣的阶段,每天早上醒来,心情愉悦,就像爱丽丝漫游仙境,准备进入一个未知的探险过程。总是打上一个标题,然后各种各样的人和事就汩汩流出,总是有惊喜。从来不去预先设计人物和逻辑,而是任它自己自由自在地游动,出现。我以前干什么去了?为什么不知道也没有探索过这个仙境?我已经虚掷了几十年时间,现在,我的生命重新开始了,用胡风的话来说:时间开始了。幸亏现在还不太晚,我至少还有十年时间。如果就这么一天几千字地流，估计会流成一个小湖了。大海是不能指望，没有那么多的能量。如果真如冯唐说的一半：比较牛，比较好看，我也就满足了。谁让我还享受了写作的过程呢。

现在我已经相当自信，用不着别人来肯定，也不怕别人的贬低和否定。因为这是我的生命，是我的享受，是我的快乐、我的自由。我是一个自由人，我想做什么就做什么。哪怕所有人都不理解，我自己享受；哪怕所有人都说不好，我自己享受；哪怕所有人都不屑一顾，我自己享受这个过程。

这是我的生命，我是自由的。我现在早已摆脱必然世界，进入自然和自由的境界。

2月19日 晴天

今天决心用以后时间写小说。写小说的，宁有种乎？我能看出好坏，这就是成功一半。比起那些小孩，我的生活经验和读书，是他们不及的。万事俱备，只欠提笔。我不是觉得这辈子未尝有过对我的才能的真正挑战吗？现在就决定挑战一下，看看我的极限是什么。试着创造出一点儿点美来。

3月18日 雪后晴天

今天像灵光一现，我忽然为将来的生活想出了一件可以做的事情：写论文式小说。主要是为了表达某种思想，但是有小说的成分，是论文和小说的混合体。比如“理想国”就是为了表达对一种理想人际关系的设想。这样可以扬长避短，写论文是我的长处，写小说是短处。谁规定东西只能怎样写了？尤其是在我现在这样完全可以不发愁发表任何东西的情况下。只要是我写的就行了，没必要按定例裁剪自己的爱好，而完全可以随心所欲地按自己的爱好来创造新的形式。莉迪亚•戴维斯！向莉迪亚•戴维斯致敬！这种进入自由境界的感觉真是太好了，令人兴奋异常。现实主义并不是唯一的标准。纯文学也不是唯一的标准。

8月6日 多云

进入自由境界。新浪竟然将小说置顶，这是意料之外的。原来以为都不一定推荐，因为不是时评。这种与读者见面的方式的确是鼓舞人心的。尽管评价不高，但是总是有几万人能看到，这在传统出版中是不可能的。

现在可以说，无论我写什么，都是有读者的。这种境界是传统弄文学的人完全不可想象的。包括张爱玲这些人。还有那些苦苦挣扎找不到读者的人。已经有了这种出版途径，为什么还要出纸书呢？

我要撒开了想象写了。撒欢了。

有一种感觉，凡是我写出来的，必定是只能这样的，不可能有其他的样子，人物不能说其他的话，做其他的反应，只能是这样的。我觉得这才是写作应当追求的境界。这就是沈从文一再强调的“合适”吧。

照我现在这样每天几千字的水平，我将写多少东西啊。心里高兴极了。我现在才真正开始生活了。以前六十年多年都是白活了。

10月5日 晴天

我已经牛刀小试，出手不俗。酝酿着写一种史诗性的东西，难道我的生活中缺少史诗的气质吗？并不。在投入的工作中，在巴塔耶意义上的生活中，我会变得欢欣鼓舞，生命会变得欢欣，生气勃勃。

巴塔耶说："对于人来说，最重要的行动就是文学创作。在文学中，行动，就意味着把人的思想、语言、幻想、情欲、探险、追求快乐、探索奥秘等等，推到极限。"按照这位法国新小说派大师的想法，在人的一生中，最值得一做的事情就是文学创作。因为它不只是对美的享用，还是对美的创造、体验。它是人生最美好的行动，是审美生存本身。

今后就让我满怀欢欣地投入文学创作的行动中去吧。不管后果如何，这是我唯一可能的生活方式。

10月16日 小雨

今天一起床就发现下雨了，可能已经在夜里下了很长时间。屋里阴阴暗暗，心情还算平静。因为从小喜欢下雨。想起在德国看到刘扬作品，中西对比：在阴雨天，西方人感到阴郁；中国人感到快乐。我猜想，两个原因，一个是中国干旱少雨，好不容易下点雨，感到意外惊喜；二是中国是数千年的农业社会，文化灵魂的深处是渴望雨露滋润的，庄稼如果没有雨就会感到干渴，许多地方还有祈雨习俗，这是西方大多生活在都市中的人们感觉不到的。

从今天开始，自由写作，只是写自己心里流出的东西，随心所欲。

想写帕斯捷尔纳克《日瓦戈医生》那样的东西。只可惜我们的生活没有像他的那样惊心动魄，波澜起伏。

看到林贤治谈到作家的忧郁气质："作家不喜欢喧闹浮嚣的日常环境，不爱参与集体的世俗活动，无法从事快速高效的劳动和工作，唯是耽于自我专注、孤独与沉思。"

本雅明明确反对明晰和单纯，认为忧郁与艺术不可分割。

桑塔格则认为，因为忧郁症性格经常为死亡的阴影所纠缠，所有忧郁症患者阅世最为清楚。作家特别迷恋细小的或残存的事物，迷恋象征、隐喻和寓言。

"忧郁的症状所表现出来的对痛苦的敏感，在精神探索方面的兴趣，内在的矛盾，情绪的失衡，以及在整个精神活动过程中所透达的生命的梦幻色彩和神秘气息，与文学特质相同。"

我的问题是不够忧郁，过于明晰和单纯。所以文学不是我的气质。也许最终我会像帕斯捷尔纳克那样承认：我是没有文学才能的。他可是诺贝尔文学奖得主啊。既然没有文学才能，为什么还要写呢？只因为除此之外他不知道还应当用自己的生命做些什么。换言之，在他心目中，写作不过是巴塔耶意义上的生存而已。他虽然知道自己做不好这件事，但是写作是人的生存中最值得做的一件事，也许是唯一值得做的一件事，所以他不得不做。我又何尝不是这样呢？

11月6日 晴天

小说写作处于停顿状态。心中动力不足。冷静评价一下虐恋小说集，虽然不是真正的上乘之作，但是有两个优点：纯粹，强烈。从我的审美标准看，一篇东西，如果它表达出来的感觉是纯粹的，那就和美沾了点边；如果它表达出来的情绪是强烈的，那就是有力量的，有趣的，能够感染人的。别的都做不到，有这两点，我已可聊以自慰了。

自己对自己的评价游移不定，有时觉得，也许就是维多利亚时代地下小说的程度，有时又觉得，是文学。

绝对不可以受他人评价的左右。对王小波都是这样，有人评价极高，有人评价很差，难道就不可能有客观的评价了吗？所以，不要太在意他人的评价，它基本上说明不了什么。因为至少其中有个人的喜好问题。因个人口味不同，评价自然会不同。评价高不能确定是真的好；评价低也不能确定是真的坏。因此可以释怀。

只要内心还有冲动，就照冲动去做。做出来的东西是怎样的，让时间去评价。

重要的是，是否还有冲动。我还不能确定。

我深深感到，不可以将自己的心情系在别人的评价上。因为人在这个世界上是绝对孤独的。每个人都有自己的生活，有自己的兴奋点。如果太介意别人的评价，必定不会有轻松快乐的生活。我既然选择了写作，就应当自己享受自己的劳作，而不是战战兢兢等待别人的评价。别人喜欢和不喜欢能怎么样？只要自己喜欢就行了。如果别人能够喜欢，当然更好；如果没有一个人喜欢，自我欣赏，也很好。重要的是自己的心情的纯净和快乐。

人生短暂，稍纵即逝。只有过自由和快乐的生活，才对得起自己。所有的大作家都是怎样生活的？人世间最痛苦的事莫过于无法沟通，南辕北辙。缺少会心的一笑，缺少心有灵犀的交流。

我的心，纯净如水。我选择自由和快乐的人生。我有足够的内心力量可以做这种选择。说俗气一点儿，我有这个经济能力做这种选择。今后，我要过随心所欲的生活，所有我喜欢的事，就会去做；不喜欢的事，就不去做。我要从世俗的生活中彻底撤退，完全躲进自己的精神生活之中去。我的灵魂已经从尘世出走，去到我那个“至纯至净”的地方。那里只有美，只有快乐，只有纯粹的精神。我决定就这样提前“离世”了。

2013年，我的小说《爱情研究》在《花城》杂志发表，这是我的小说第一次在文学刊物上发表，算是一个客观评价吧。过去只是在博客上发过几篇，虽然有的读者超过几十万，但是毕竟不能算专业的评价。而这次在文学刊物上发表，使我心里有点儿高兴，证明我还是能写小说的。我也许还有几十年的时间无事可做，那么，写小说就是我巴塔耶意义上的生活。2016年6月，三卷本虐恋主题中短篇小说集《黑骑士的王国》在香港出版了。那年七月，我在香港图书节上做主讲嘉宾，一般作家的讲演只在三百座讲演厅，我的讲演却换在一个千人大厅，我讲演的题目就是“虐

2019 年，在我的书房（欧阳明 摄）

恋亚文化”,是作为社会学家讲演的。会后有不少读者拿着我的《黑骑士的王国》索要签名，我心中还是有点儿小得意的。虽然小说还远未达到我心中的文学标准，但是它是我的生活，是我对自己生命的享用，它是从我心中流淌出来的一条小溪。我的灵魂附在它的水流中，尽情奔流，尽情歌唱。时至今日，虐恋小说已经写了七个中短篇小说集（每集十六万字）和两个长篇，感觉虐恋主题已经被我写尽了。

早年（二十多岁时）我问小波对我的文字的看法，他评价还不低，但是他说，你的文字扔在地上还跳不起来。我想这是个中肯的评价。我的文字的特点用冯唐的话来说是“清通简要”，没有废话，没有多余的字。这种文字用来写论文还差强人意，后来写起小说时就显得捉襟见肘了。人们都说我的小说写的有论文味，问题就出在这里。可是我始终觉得，一个人的文字风格是从灵魂中带来的，是无论怎么修炼也修炼不出来的。就像人的长相一样，无论后天怎么加工，并不能改变原来的模样。

叶芝说：风格几乎是无意识的。也就是说，一个人的风格就是他灵魂的样子，他的文字也就是他灵魂的无意识表达。学是学不来的，改也改不了。那么到底什么样的文字叫好的文字呢？我能想出来的只有一个标准：不看名字，能不能看出来是谁写的。能看出来就说明这人已经有了自己的风格，看不出来就说明这人还是个一般码字儿的。所以有时候我觉得思想的表达方式跟文字分不开，文字只是人的灵魂的外在形式，二者是一而二二而一的。用这个标准没准儿我的文字也要算好文字呢。原来我也不觉得我的文字是有自己风格的（正好应了叶芝的无意识论），可是有几次有人要我的应景文章，我不肯写，让他们给起个草。拿来之后，我就会一百个不喜欢，觉得根本不像我的说话风格。这不就是我的确有自己风格的反证吗？在我看来，好的文字就是有自己风格的文字，不管它是华丽的，还是简洁的。底线是没有语病，其他都是风格问题，不是文字好与坏的问题。

我对友人冯唐描述了我目前的生活方式，他给了一句评价："信马由缰。好惬意。"这就是我现在的写作方式：信马由缰，想写什么写什么，好惬意呀。我绝对不会再写一个字是自己不想写的。我要在巴塔耶的意义上生活了，直到生命的终结，这是多么美好的生活，这是我梦寐以求的生活啊。我终于过上了这样的生活，而且是全凭一己的力量做到的，心中的欢欣无法言表。

我的余生将全部用于写作，自由的写作。所谓自由的写作就是涂鸦，就是蒙田意义上的自说自话。

首先，自由的写作是不拘形式的写作。可长可短，长可以至几万字，短可以至几百字甚至几十字。可以不管它的归类：可以是散文，是杂文，是格言，是随笔，是小说，是论文，是论文式小说，是小说式论文。还可以什么也不是，不能被划归所有这些形式。

其次，自由的写作不是手段，而是目的。很多的写作只不过是为了达到某种目的的手段，比如为了卖钱，为了出名。前者必须考虑读者爱不爱看；后者必须考虑文评家的评价。自由的写作却完全把这些抛诸脑后，只顾自身的感受，不顾其他。写作成了目的本身，为写而写。只要自己写高兴了，写爽了，其他事都不在考虑之列，完完全全的自得其乐，有点儿像自慰。相比之下，为了卖钱而写像妓女，为了出名而写像殉道者或者苦行僧。

再次，自由的写作是存在的方式。如巴塔耶所说，人生最重要的行动就是写作。写作是人的思绪的宣泄，是人的存在的自觉，我写故我在，我不写故我不在。

终生写作。写作终生。这将是我对余生生活方式的不二之选。

人生在世，短短几十年，几乎还什么都没整明白，就已步入老年。我是属于比较爱想人生意义这类事情的人，从小就爱想，几十年间一直没断了想，即使这么想来想去，也还是想不清楚。可是岁月并没有因为我还没把这件事想明白就等着我，就连流逝的速度都未稍减，该多快还是多快地向终点狂奔。

意义，意义。想了一辈子，还是没有想出什么意义。在浩渺的宇宙当中，这么一个小小地球，就像一筐箩芝麻当中的一粒芝麻；在茫茫人海当中，这么一个小小的人，就像一筐箩芝麻当中的一粒芝麻。我的人生能有个什么意义呢？即使是那些富可敌国的大富豪，那些颐指气使的高官，那些万人瞩目的明星，也不过是在这样一个芝麻星球上的一个芝麻人儿，能有个啥意义呢？

这样想了之后，你不可能不变得冷静，甚至万念俱灰。人生会显得无比渺小，黯淡，冰冷，寂寞，无足轻重，可有可无。所有的事情，都不值得追求；所有的情绪、情愫、情感，都没有必要。那么为什么还要活着呢？既然死是所有人的归宿，为什么还要活呢？

不为什么。什么也不为。活着只是人的一种状态，就像一条鱼，一棵树，一只甲壳虫。我们来到人世，我们消耗掉一些物质，改变周边的一些物质，然后离开人世。就连伟人毛泽东都说过，他所改变的只是北京西边的一点儿地方而已，当世很少有人能比得上他的，绝大多数人几乎什么都没有改变就离世了。说起改变周边物质，想起刘亮程用第一人称写的农村生活："我"扛把铁锨，在地里挖了一个坑，然后仰天长叹：这就是我能改变的事物。

既然如此，我们该怎样面对这个芝麻人生呢？我唯一想明白的就是，要以比较舒适快乐的状态度过自己的人生。虽然在造物主眼里，我只不过是一粒芝麻，但是这个渺小的生命对于我来说，却是我的全部，是我整个的世界。我的身体就是我的全部，我的感觉就是我的全部。所以我的身体是否舒适，我的精神是否愉悦，这就是我存在的全部意义。据此，我发明了一种生命哲学，即采蜜哲学：我像一只蜜蜂，我的人生的全部内容只是采蜜。我在花丛中飞舞，只是为了偶尔采撷花中精华。这也就是海德格尔所谓"诗意的栖居"。无论是物质生活、精神生活、情感生活，我只要那一点儿点精华，最美丽的，最舒适的，最诗意的，最适合我的。活着，就享受所有这些感觉；死去，就告别所有这些感觉。这就是我的生活的全部意义。

2019 年，我和大侠一起（欧阳明 摄）

附录：主要出版物

1978:《五四运动简史》(合著)，山西人民出版社

1987:《现代社会学入门》(译著)，中国社会科学出版社

1987:《社会研究方法》(译著)，四川人民出版社

1991:《中国人的性爱与婚姻》，河南人民出版社

1992:《他们的世界——中国男同性恋群落透视》(合著)，香港天地图书公司

1993:《他们的世界——中国男同性恋群落透视》(合著)，山西人民出版社

1993:《生育与中国村落文化》，香港牛津大学出版社

1994:《生育与村落文化》，中国社会科学出版社

1994:《性社会学》(译著)，河南人民出版社

1995:《中国婚姻家庭及其变迁》，黑龙江人民出版社

1996:《中国女性的性与爱》，香港牛津大学出版社

1997:《妇女：最漫长的革命》(主编)，当代西方女权主义理论精选三联书店

1997:《女性权力的崛起》，中国社会科学出版社

1997:《中国女性的感情与性》(韩文版)，Dongbang Media Co., LTD.

1998:《中国女性的感情与性》，今日中国出版社

1998:《同性恋亚文化》，今日中国出版社

1998:《虐恋亚文化》，今日中国出版社

1999:《婚姻法修改论争》(主编)，光明日报出版社

1999:《性的问题》，中国青年出版社

1999:《性·婚姻——东方与西方》，陕西师范大学出版社

2000:《酷儿理论——西方90年代性思潮》(译文集)，时事出版社

2000:《农民流动与性别》(合著)，中原农民出版社

2000:《享受人生》，百花洲文艺出版社

2001:《一爷之孙——中国家庭关系的个案研究》(合著)，上海文化出版社

2001:《福柯与性——解读福柯〈性史〉》，山东人民出版社

2002:《西方性学名著提要》(主编)，江西人民出版社

2002:李银河文集第一辑，含四册:《中国人的性爱与婚姻》《中国女性的感情与性》《同性恋亚文化》《虐恋亚文化》，中国友谊出版公司

2003:《性爱与婚姻》，台湾五南图书出版公司

2003:《女性的感情与性》，台湾五南图书出版公司

2003:《性文化研究报告》，江苏人民出版社

2003:李银河文集第二辑，含四册:《生育与村落文化·一爷之孙》《性的问题·福柯与性》《女性权力的崛起》《酷儿理论》，文化艺术出版社

2003:《女性主义》，台湾五南图书出版公司

2004:《两性关系》，台湾五南图书出版公司

2004:《穷人与富人——中国城市家庭的贫富分化》(合著)，华东师

范大学出版社

2004:《女性主义论坛》(主编),会议论文集

2005:《思想者说——王小波李银河双人集》(合著),文化艺术出版社

2005:《女性主义》,山东人民出版社

2005:《两性关系》,华东师大出版社

2005:《你如此需要安慰——关于爱的对话》,当代世界出版社

2006:《李银河自选集》,内蒙古大学出版社

2007:《性别问题》,青岛出版社

2007:《妇女:最漫长的革命——当代西方女性主义理论精选》(主编)中国妇女出版社

2007:《七夕·民俗·情感文化》(主编),中国广播电视出版社

2007:《以温柔优雅的态度生活》,中国妇女出版社

2008:《李银河性学心得》,时代文艺出版社

2008:《性爱二十讲》(编),天津人民出版社

2010:李银河文集,含十部著作:《社会学精要》《性社会学》《生育与村落文化》《中国女性的感情与性》《同性恋亚文化》《虐恋亚文化》《性的问题》《福柯与性》《一爷之孙——中国家庭关系的个案研究》《后村的女人们——农村性别权力关系》,内蒙古大学出版社

2014:《性学入门》(编),上海社会科学出版社

2014:《新中国性话语研究》,上海社会科学出版社

2014:《我的社会观察》,中华工商联合出版社

2014:《我的生命哲学》,中华工商联合出版社

2014:《我的心灵阅读》，中华工商联合出版社

2015:《一个无神论者的静修》，北京时代华文书局

2015:《人间采蜜记》，江西人民出版社

2016:《享受人生——我的生命美学》，北京时代华文书局

2016:《黑骑士的王国》(卷一，卷二，卷三)，香港果麦出版公司

2019:《我们都是宇宙中的微尘》，北京十月文艺出版社

2019:《轻轻吹去心上的灰尘》(《我的生命哲学》再版)，北京联合出版公司

2019:《一生所寻不过爱与自由》(《一个无神论者的静修》再版)，北京联合出版公司

2019:《李银河说爱情》，北京十月文艺出版社

1 1980年代，我在匹兹堡

2 1985年，我与小波赴佛罗里达旅途中

1980 年代，我和小波在匹兹堡市中心